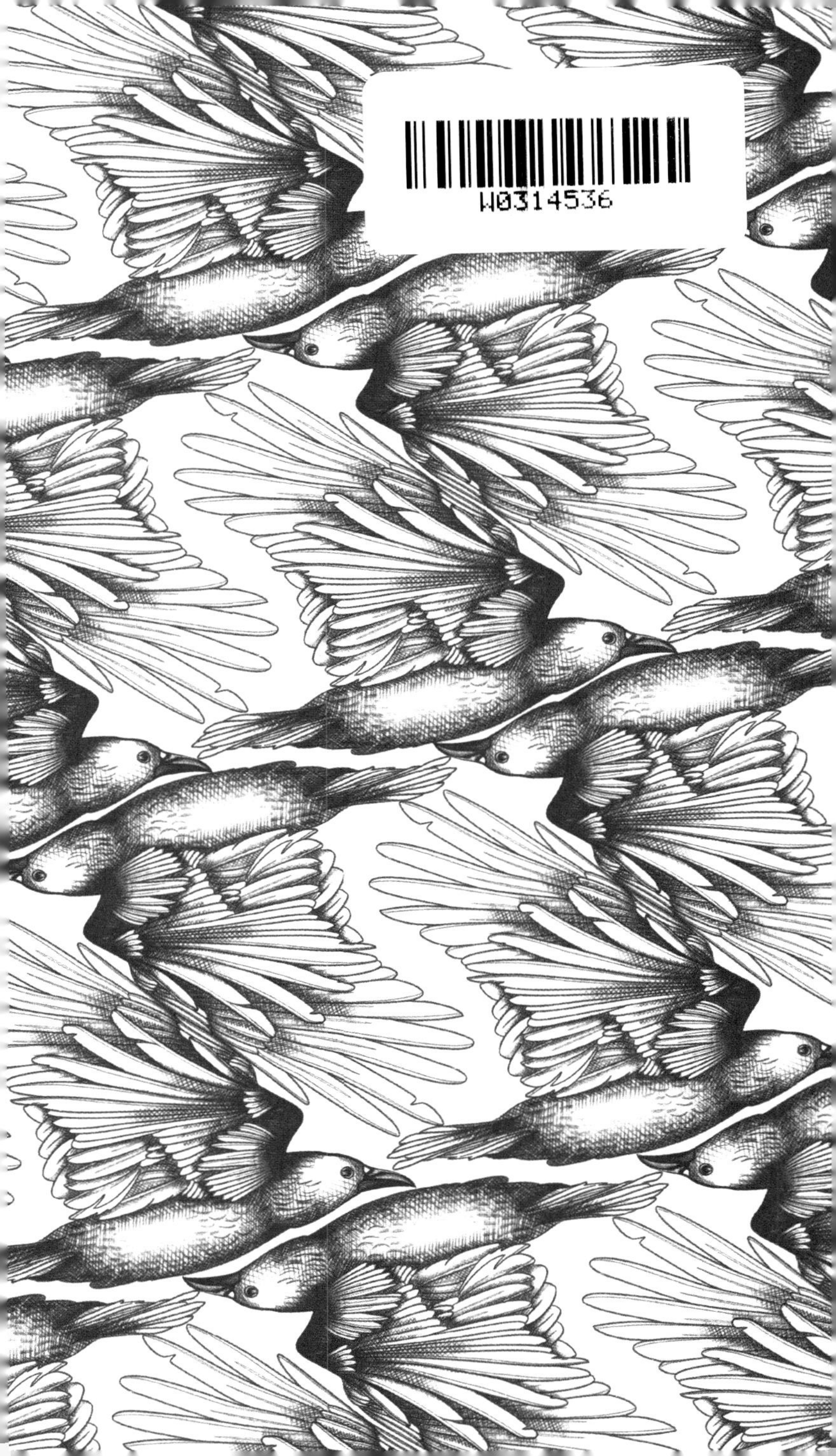

Petra Dvořáková

Die Krähen

Petra Dvořáková

Die Krähen

aus dem Tschechischen von Hana Hadas

ANTHEA

Im Tschechischen hat ein Name viele Gesichter – so wird aus Barbora mal Bára, mal Baru, Baruna oder Barča. Je nach Stimmung, Nähe oder Situation wechselt die Anrede – was im Deutschen vielleicht ungewohnt klingt, ist im Tschechischen ganz normal. Gemeint ist aber immer dieselbe Person.

Verlag / Übersetzerin

In den Ästen einer alten Ulme hat sich eine Krähe niedergelassen. Im Frühling will sie ihr erstes Männchen anlocken. In dem großen Haus gegenüber dem Baum steht ein Mädchen mit kurzen Haaren am Fenster. Es beobachtet die schwarze Krähe. Drückt seine Stirn gegen die kühle Scheibe. Im Fenster darunter ist gerade ein Licht angegangen. Ein Mädchen mit langen Haaren, ein Mann und eine Frau sitzen am Tisch. Das Mädchen mit den kurzen Haaren sieht immer noch zur Krähe hinüber. Es scheint fast so, als könnte die Krähe verstehen, was sie sieht. Sie verlässt sich ganz auf ihre Instinkte. Und beobachtet mit ihren perlenschwarzen Augen das menschliche Nest.

Die Unterhose lag einfach im Wäschekorb, zusammen mit der Schmutzwäsche. Es war die von Baruna. Katuška hatte die gleiche, nur in grün. Da war ein Blutfleck in der Mitte. Mit acht Jahren bekommt ein Mädchen doch noch nicht seine Tage. Ich weiß, dass so was möglich ist, aber das würde man dem Mädchen doch ansehen. Ich geh' oft ins Badezimmer, wenn sie gerade in der Wanne liegt. Sie wird langsam runder, weiblicher, aber ihre Brüste wachsen noch nicht. Außerdem ist sie ein Jahr jünger als Katuška und die hat ihre Tage auch noch nicht. Nein, es musste etwas anderes sein. Ich ließ kaltes Wasser ins Waschbecken laufen und warf die Unterhose hinein, damit sich das Blut herauswusch. Zur Sicherheit ging ich auch noch die restliche Schmutzwäsche durch, aber da war nichts mehr. Trotzdem konnte ich es nicht so einfach ignorieren. Was, wenn es etwas Ernstes war?

„Ist dir Blut aus der Mumu gelaufen?", fragte ich, nachdem ich das Zimmer der Mädchen betreten hatte. Katuška las gerade etwas und Bára saß am Tisch, mit der Bastelschere in der Hand. Typisch Bára: Überall lagen Papierschnipsel, und es sah aus wie bei Frau Holle.

„Nein."

Nicht einmal hochgeschaut hatte sie.

Jedes Mal, wenn ich ihre hohe Stirn sehe, wird mir klar, wie sehr sie Václav ähnelt. Sie wird immer einen Pony tragen müssen, damit es nicht auffällt.

Katuška sah mich verständnislos an, unsicher, mit wem ich sprach.

Sie ist so aufmerksam, in ihren braunen Augen liegt stets ein Funkeln.
„Ist es wohl. Ich hab's an der Unterhose gesehen. An der Blauen", wandte ichmich an Baruna. Ich merkte schon, dass ich nichts aus ihr rauskriegen würde.
Man bekommt nie etwas aus ihr heraus. Ich habe schon etliche Versuche hinter mir.
Ich wartete noch einen Moment, aber es war zwecklos.
„Also, was hast du mir zu sagen?"
„Da ist nichts rausgelaufen!" Bára schüttelte energisch den Kopf. Und weitere Papierschnipsel landeten zu ihren Füßen.
Genau dieses Verhalten ist so typisch und macht mich jedes Mal rasend vor Wut.
„Kannst du nicht so schneiden, dass das Papier auf dem Tisch landet?" Wenn sie doch nur ein bisschen wie Katuška wäre. Die hatte schon von klein auf hinter sich aufgeräumt. Wenn sie sich Klötze aus dem Korb nahm, legte sie sie danach von selbst wieder zurück.
Aber nicht Barča. Die war schon immer anders. Als würde sie nicht verstehen, was man von ihr wollte. Am liebsten würde ich sie schütteln, aber selbst das wäre sinnlos. Ich drehte mich um. „Das wirst du alles schön wegsaugen!", sagte ich im Gehen. Aber Bára reagierte immer noch nicht.
Seitdem kontrolliere ich regelmäßig ihre Unterhosen.

Ich hätte meiner Mama damals von der blauen Unterhose erzählen sollen. Was furchtbar peinlich war. Und jetzt, mit zwölf, sogar noch mehr als früher. Sogar noch mehr als früher. Denn Mama erzählte Papa immer alles, also hätte sie ihm das auch sofort erzählt. Sie hätte sicher auch auf der Arbeit darüber geredet. Aber ich wollte nicht, dass es alle erfahren. Es war vor zwei Tagen passiert, als wir mit den anderen Kindern im Park draußen Fangen gespielt hatten. Petr Polák konnte mich nicht fangen. Ich war ihm immer entwischt. Auch wenn ich sonst keine besonders gute Läuferin bin. Katka zum Beispiel, die war immer schneller. Normalerweise war ich die Erste, die gefangen wurde. Aber dieses Mal nicht. Petr war so wütend, weil er mich nicht fangen konnte, dass er mich plötzlich, wie aus dem Nichts getreten hatte. Mitten in die Mumu. Mit einem Fußballschuh. Es tat höllisch weh und trieb mir die Tränen in die Augen. Ich versuchte, so zu tun, als wäre nichts gewesen, und rannte nach Hause. Ich versteckte mich im Keller, obwohl ich sonst immer Angst davor hatte, da runterzugehen. Vor allem, weil Papa uns einmal erzählt hatte, dass in alten Häusern wie unserem eine Leiche im Keller liegen kann. Aber das war mir damals egal, ich schlug die Tür hinter mir zu und fing an zu heulen. Obwohl es schnell aufhörte, weh zu tun, ging ich nicht mehr raus. Damit mich niemand fragen konnte, was passiert war. Am Abend, als ich mich vor dem Baden auszog, hatte ich Blut in der Unterhose. Aber ich warf sie einfach in die Wäsche. Wohin ich sie im Übrigen sowieso getan hätte, denn ich nehme jeden Morgen eine saubere Unterhose. Und wir tragen beim Schlafen keine unter unseren Nachthemden. Aber dann hat es Mama herausgefunden. Und seitdem hat sie ein Auge auf mich. Vor allem wühlt sie in meiner Wäsche, auf der Suche nach Flecken.

Zu Weihnachten bekam ich neue Leggins, ein Sweatshirt (so ein weinrotes) und ein Halstuch (rosa) mit silbernen Fäden darin. Ich zog alles sofort an und betrachtete mich im Spiegel. Ich gefiel mir richtig gut darin. Das war das erste Weihnachten, an dem es mir nichts ausmachte, vor allem Kleidung geschenkt zu bekommen. Sonst hatte ich mir immer Spielzeug und Bücher gewünscht. Oder Sachen zum Malen, denn das macht mir am meisten Spaß. Aber jetzt freute ich mich darauf, die neuen Sachen in der Schule zu tragen. Und hübsch auszusehen. Meine Schwester hatte auch Kleidung bekommen. Aber ich mochte meine lieber. Vor allem die rosa Sachen. Von allen Farben mag ich Rot und Rosa am liebsten. Aber Mama sagt, Rot steht meiner Schwester besser. Und mir eher Blau. Ich hätte so gerne lange Haare, und darin rote Haarklammern. Wie meine Schwester. Aber ich trage sie kurz, weil es mir bis jetzt egal war. Mama lässt mir die Haare immer bei dieser komischen Friseurin in der Nähe der Schule schneiden. Die Friseurin fragt jedes Mal, wie ich es haben will. Aber Mama antwortet für mich: Lieber kurz – oder vielleicht noch ein bisschen kürzer –, damit wir nicht so oft hingehen müssen. Manchmal sagt sie hinterher, dass die Friseurin es viel zu kurz geschnitten hat. Bisher hatte ich mir darüber keinen Kopf gemacht. Aber jetzt merke ich, dass alle Mädchen an meiner Schule lange Haare haben, und finde es viel schöner als meine kurzen. Ich zeichne oft Bilder von einem Mädchen mit langen Haaren und Haarklammern. Genau so möchte ich auch aussehen.

„Was guckst du denn wie ein Auto?"

Erschrocken blicke ich auf. Wir sitzen alle um den Weihnachtsbaum. Unsere Geschenke haben wir schon ausgepackt und werden uns gleich ein Märchen im Fernsehen ansehen.

„Mein Hals tut weh", antworte ich.

„Was meinst du damit, dein Hals tut weh?", fragt Mama.

Ich kann ihr ansehen, dass es sie stört. Erst jetzt merke ich, dass ich ganz schön Halsweh hab. Und auch meine Beine tun weh, und mir ist irgendwie seltsam kalt. Mama klemmt mir ein Thermometer unter den Arm: „Fast neununddreißig!" Und sie regt sich auf, weil sie mit mir in die Notaufnahme muss. An Heiligabend! Als ob ich das extra machen würde. Ich habe auch keine Lust, irgendwo hinzufahren. Am liebsten würde ich mit meiner Familie im Wohnzimmer liegen, fernsehen und wahrscheinlich würde ich einschlafen, in eine Decke eingemummelt, damit mir nicht so kalt ist. Aber Mama sagt, dass es definitiv eine Mandelentzündung ist und dass wir ins Krankenhaus gehen müssen und dass Papa mit mir fährt, damit jemand zu Hause bei Katka bleibt. Aber ich will, dass Mama auch mitkommt. Sie denkt, ich will das, weil es mir schlecht geht, aber ich möchte es, weil ich mich vor Papa so schäme. Und ich bin sicher, der Arzt wird mich abhören, also muss ich mich ausziehen und Papa wird sehen, dass meine Brüste ein bisschen

wachsen. Ich schäme mich dabei und will nicht, dass Papa das sieht.
Zum Glück kann ich Mama überreden. Ich behalte die neuen Anziehsachen gleich an, und wir fahren los.

Im Wartezimmer ist fast niemand. Mama gibt der Krankenschwester meine Karte und dann warten wir. Nach einer Weile kommt sie zurück und geht hinter einer großen Glastür den Krankenhausflur entlang. Ich bemerke, dass Papa ihr nachschaut und sich dabei sogar ein wenig vorbeugt, ohne dass ich weiß, warum. Es kommt mir total merkwürdig vor. Vor allem, weil er so seltsam lächelt. Aber Mama bemerkt es überhaupt nicht.

Zum Glück geht es in der Notaufnahme schnell. Im Wartezimmer sind nur drei Leute, und der Arzt macht nicht viel Gewese. Ab und zu rennt eine Krankenschwester raus, geht durch die Glastür, läuft in irgend so einen Lagerraum und kommt nach ein paar Minuten wieder zurück. Ich bemerke, dass Václav sich nach ihr umdreht. Er versucht, unauffällig zu sein, aber ich merke es trotzdem. Das widert mich an. Das Mädchen ist schlank, um die zwanzig, wenn sie mit dem Kinderkriegen fertig ist, wird sie auch anders aussehen. Aber auf Václav wirkt sie wie auf einen kleinen Jungen. Ich dachte, er wäre mit vierzig darüber hinweg, aber es ist fast schlimmer als vor unserer Hochzeit. Wenn ich ihm keine sauberen Anziehsachen bereitlegen würde, käme er doch gar nicht allein klar.

Das ist es, was diese Weibsbilder wissen sollten. Ich schaue lieber weg, damit ich seinen gierigen Blick nicht ertragen muss. Barča friert. Sie zittert am ganzen Leib und hat Fieber. Václav fällt es auch auf. Er legt ihr die Jacke über die Schultern.Ich weiß, es ärgert ihn, dass ich nicht in der Lage bin, allein zu fahren. Ich hab zwar einen Führerschein, aber ich setze mich in kein Auto. Ich komme im Straßenverkehr einfach nicht klar. Das muss man wirklich wollen. Was ich planen und mit den Kindern mit dem Bus oder zu Fuß erledigen kann, das richte ich mir ein. Er fährt nur, wenn es wirklich sein muss.
Im Behandlungszimmer riecht es nach Desinfektionsmittel. Der Arzt hat offensichtlich keine große Lust mehr und will uns loswerden. Er untersucht Barča nicht einmal richtig, schaut ihr nur in den Rachen. „Tut es weh?", fragt er und tastet sie unter den Ohren ab.
Barča nickt nur. Der Arzt stellt uns ein Rezept aus und wir bekommen eine Schachtel Amoxicillin. „Haben Sie was gegen Fieber zu Hause?", fragt er noch. „Natürlich!", nicke ich. Sowas habe ich immer da.
„Und kommen Sie in einer Woche zur Kontrolle", ruft er uns hinterher, als wir bereits an der Tür sind. Draußen legt Václav Baruna wieder seine Jacke über, damit sie nicht so friert und wir gehen zum Auto. Es ist eiskalt und glatt, also stütze ich Baruna, damit sie nicht ausrutscht.

Václav hält vor dem Hauseingang, so dass Bára und ich aussteigen können.

„Willst du es nicht in die Garage stellen? Morgen früh ist sonst alles vereist..."
„Das hatte ich schon vor", brummt Václav, aber ich weiß, wenn ich nichts gesagt hätte, hätte er das Auto nicht in die Garage gestellt. Wenn ich ihn nicht ständig zu etwas drängen würde, dann hätte er auch das Haus so gelassen, wie wir es gekauft hatten. Und es ist fast eine kleine Villa, mitten in der Stadt, aber mit großen Fenstern zum Park. Václav hat hier Ruhe und viel Platz, er könnte den Handwerker in sich richtig ausleben. Aber er tut immer nur das Nötigste.
Das Tor ist vereist, ich muss kräftig am Griff drehen, damit es sich öffnet. Baruna wirft die Jacke Richtung Garderobe im Flur und stürmt ins Wohnzimmer. Katka hat inzwischen unter dem Weihnachtsbaum aufgeräumt. Das Geschenkpapier liegt fein säuberlich gestapelt in einer Tüte auf der Treppe. Ganz so, wie ich es selbst gemacht hätte. Sie ist sehr geschickt. Barča krabbelt auf die Couch, schluckt ihre Medizin und wir sehen fern. Gegen halb elf bemerke ich, dass sie eingeschlafen ist. Ich will sie wecken, damit sie in ihr Zimmer geht, aber Václav bietet an, sie hochzutragen. Als er sie hochhebt, murmelt Bára nur etwas, wacht aber nicht auf. Natürlich sind der Überwurf auf der Couch und die Decke völlig durchgeschwitzt, also stecke ich beides in die Waschmaschine.
Ich überlege, sie direkt einzuschalten, aber das würde nachts nur unnötig Krach machen und morgen früh kommt sicher noch was dazu. Für heute habe ich genug. Das ganze Putzen, das Dekorieren. Ich habe das Gefühl, dass ich jedes Jahr früher

anfange. Und obwohl die Mädchen inzwischen mithelfen, reicht es trotzdem nie. Und am Ende entspricht es sowieso nie meinen Vorstellungen. Natürlich ist ein Haus wie dieses schwerer sauber zu halten als – sagen wir – die Drei-Zimmer-Wohnung von Irena. Aber andererseits ist es, selbst wenn das Haus alt ist, immer noch besser, als in irgendeinem Hochhaus zu leben. So wohnen wir in der Nähe des Stadtzentrums, die Mädchen haben nur zwei Stationen bis zur Schule, und es ist angenehm ruhig hier. Auf jeden Fall ist es besser, als bei Václavs Eltern wohnen zu bleiben. Eine Kleinstadt ist einfach lebenswerter.

Ich werfe einen Blick auf das Thermometer am Schlafzimmerfenster. Sieben Grad unter null. Die Bäume im Park glänzen vor Frost. Ich bleibe einen Moment stehen und erinnere mich daran, wie ich als Kind auf das Christkind gewartet und den dunklen Himmel angestarrt hatte, um den Moment zu erhaschen, in dem es auftauchen würde. Dann bemerke ich ein Nest oben in einem der Bäume. Vielleicht sind es Tauben, überlege ich. Aber jetzt, in der Dunkelheit, kann ich nichts erkennen. Wenn ich daran denke, werde ich morgen früh noch einmal nachsehen.

Ich ziehe die Vorhänge zu, auch wenn kaum jemand von draußen hineinsehen kann, und stelle den Wecker auf drei Uhr nachts, um Baruna ihre Medizin zu geben. Ich habe Václav gar nicht reinkommen hören. Erst als der Boden neben dem Bett knarrt, merke ich, dass er da ist. „Ich hoffe, dass Katuška sich nicht bei Baruna ansteckt“, sage ich, als Václav ins Bett steigt.

„Warum sollte sie sich anstecken? Und Barbora nimmt ja die Tabletten", antwortet er, als ginge ihn das nichts an. Schon wieder hat er im Bett nur Shorts an, als hätte er keinen Schlafanzug. Ich lege mich neben ihn und mache die Lampe aus. Aber für ihn ist das nur sein Startzeichen, um loszulegen. Er dreht sich zu mir und streicht mit der Hand über meine Hüfte.

„Das Kind ist krank, und du denkst an solche Sachen", empöre ich mich und drehe mich auf die andere Seite. Ich kann ihn gerade nicht ausstehen. Und er will und will es nicht verstehen. Vor allem versteht er nicht, dass es seine eigene Schuld ist. Jahrelang überlässt er mir alle Entscheidungen, lässt mich alles machen. Ich bin diejenige, die ihn darauf hinweist, dass er mit dem Kind zum Arzt muss. Er käme nie von selbst auf die Idee. Und dann soll ich einfach so mit ihm schlafen.

„Sie stirbt doch nicht – das ist eine blöde Mandelentzündung! Du machst schon wieder ein Drama draus", fährt er mich gereizt an. Aber ich antworte ihm nicht.

Auf einem Baum im Park schläft die Krähe. Ihre Flügel sind locker angewinkelt. Nur die Füße sind fest um den Ast gekrallt und lassen nicht los. Ihr Kopf ist unter ihrem Flügel eingerollt. Im Haus gegenüber dem Baum gehen langsam die Lichter aus. Nur die winzigen kalten Laternen unter dem Dach des Hauses leuchten in der Dunkelheit. Die Krähe ist immer noch allein. Doch Angst hat sie keine.

Wir haben heute in der Schule einen neuen Lehrer bekommen. Er vertritt die Machová, die wohl länger krankgeschrieben sein wird, in Kunst und Englisch. Der Lehrer sieht supergut aus, hat dunkle lockige Haare und blaue Augen. Er sieht genauso aus wie Frodo aus Herr der Ringe. Wir mögen ihn von allen Lehrern am liebsten – also wir Mädchen, die Jungs interessiert das nicht. Aber wir sind hin und weg von ihm. Und ich bin sehr froh, dass ich ihn ausgerechnet in meinen Lieblingsfächern bekommen habe. Naja, zuerst dachte ich, es wäre blöd, weil wir in Englisch ein Ratespiel gemacht haben, bei dem wir abwechselnd an die Tafel kommen und ein Wort schreiben sollten, und dann mussten die anderen die Buchstaben erraten. Und als Markéta an die Tafel ging, tat Frodo so, als wäre er ein Ritter, der ihr den Hof machte, kniete vor ihr nieder, reichte ihr einen Marker und verbeugte sich vor ihr, als wäre sie eine Prinzessin. Vielleicht tat er es auch deswegen, weil wir uns vorher auf Englisch über Filme unterhalten hatten und er gesagt hatte, dass er Ritterfilme und auch „Herr der Ringe" möge. Es war offensichtlich, dass Markéta kaum etwas von dem, was er gesagt hat, verstanden hatte, aber wegen der Verbeugung kam sie sich trotzdem ganz toll vor.

Als ich an der Reihe war, scherzte er nicht mit mir, sondern drückte mir einfach einen Marker in die Hand und konnte sich nicht einmal an meinen Namen erinnern, obwohl wir uns zu Beginn der Stunde vorgestellt hatten. Also dachte ich, der kann mich mal. Zumindest bis zum Kunstunterricht.

Da es die erste gemeinsame Stunde sei, meinte er, könnten wir malen, was wir wollten und er könne dann mal sehen, wie wir klarkämen. Das passte mir gut, denn so konnte ich etwas konzentrieren, das ich wirklich gut beherrschte und malte eine Hand.

Also, ich habe nicht einfach meine Hand umrundet. Ich habe sie richtig gezeichnet – mit leicht gekrümmten Fingern, habe sie schön schattiert, und ich habe sogar kleine Falten eingezeichnet, als wäre sie alt. Die andern haben lauter Blödsinn gezeichnet, also wusste ich, dass mein Bild das beste sein würde.

„Das ist echt gut geworden", sagte Frodo, als er meine Zeichnung in der Hand hielt. Und er sah fast aus, als hätte ihn das Bild überrascht. Dann fragte er, ob ich zu Hause auch malen würde, und ich sagte, ja. Ich hätte ihm auch gerne erzählt, dass ich Malerin werden wollte, aber Mama sagt immer, das wäre Blödsinn, man müsse etwas Ordentliches machen, so wie sie als Bibliothekarin in einer Bibliothek arbeite, also sagte ich lieber nichts, damit er nicht dachte, ich hätte dumme Ideen.

Er betrachtete die Zeichnung eine Weile von allen Seiten, und dann ging er weiter und schaute sich ein Bild von Linda an, die einen ziemlich schönen Apfel gezeichnet hatte.

Erst als es läutete und wir die Bilder hinten auf dem langen Tisch stapelten, kam er auf mich zu und fragte, ob ich meine Bilder mal von zuhause mitbringen und ihm zeigen könne. Ich nickte – innerlich platzte ich fast vor Freude.

„Vielleicht am Dienstag, nach der vierten Stunde, okay?", lächelte er mich wieder mit diesen schönen Augen an.
„Okay", versprach ich und war überglücklich.
Am Abend musste ich die ganze Zeit an Frodo denken und bedauerte, dass wir ihn nicht öfter hatten. Natürlich hatte auch meine Schwester ihn im Kunstunterricht und schwärmte den ganzen Abend von ihm.
„Ich glaube, ich liebe ihn. Und ich bin mir sicher, dass er mich auch liebt", sagte sie immer und immer wieder, so dass ich unbedingt etwas erwidern wollte. Ich überlegte, ob ich damit angeben sollte, dass Frodo meine Bilder mochte, aber dann dachte ich, das wäre dumm. Auch weil sie es dann sicher Mama erzählen würde, und die würde sagen, dass es Blödsinn war.
„Wir haben ihn sowieso öfter", antwortete ich schließlich, weil meine Schwester Frodo nicht in Englisch hatte.
„Na und, dann hat er eben früher genug von dir." Katka streckte mir die Zunge heraus.
Ich schaltete lieber die Lampe aus, während ich mir immer noch vorstellte, wie Frodo sich mein Bild lange ansah und mich vor der ganzen Klasse lobte. Und ich dachte, dass ich vielleicht etwas Besonderes für ihn war, anders als die anderen Mädchen. Ich kuschelte mich in meine Bettdecke und träumte davon, ihm meine Bilder zu zeigen und wie sehr sie ihm gefallen würden. Und dann werden wir Freunde, obwohl er viel älter ist als ich, und wir reden über alle möglichen Dinge, vor allem über das Zeichnen und die anderen Mädchen werden grün vor Neid.

Heute bin ich viel früher zur Schule gegangen, weil ich nicht wollte, dass die anderen in der Schule sehen, wie ich meine Zeichenmappe mit mir herumtrage. Ich versteckte sie hinter den Spinden in der Umkleidekabine und nahm mir vor, nicht zum Mittagessen zu gehen, sondern stattdessen die Mappe herauszuholen, wenn ich alleine dort wäre. Doch dann kam mir während der Mathestunde der Gedanke, dass die Putzfrau beim Bodenwischen die Mappe entdecken und sie mitnehmen oder wegwerfen könnte. Und ich schwitzte während der ganzen Stunde vor lauter Angst, dass das passieren könnte und verfluchte mich für meine Dummheit.

Sobald es läutete, rannte ich in die Umkleide, aber zum Glück waren die Bilder noch da. Ich schnappte mir die Mappe und brachte sie ins Klassenzimmer, obwohl die anderen Mädchen mich anglotzten und fragten, was ich da mit mir rumschleppte, ob das wirklich die Zeichnungen für Frodo waren. Es störte mich zwar, dass sie gehört hatten, wie Frodo mich letzte Woche gebeten hatte, meine Bilder mitzubringen, aber andererseits gefiel es mir, ein wenig damit angeben zu können.

„Klar doch", antwortete ich und tat absichtlich überheblich, so wie Katka es tut, wenn sie mir zeigen will, dass ich noch klein bin und nichts verstehe.

„Dann lass doch mal sehen", meinte Denise und die anderen schlossen sich ihr sofort an.

Also öffnete ich die Mappe und begann, die Zeichnungen auf der Bank auszubreiten. Auf vielen waren verschiedene Stillleben zu sehen und es gab einige Bilder mit Motiven, die ich von meinem Fenster aus sehen konnte, denn solche Bilder male ich am liebsten. So wie die Krähen, die ich versucht hatte, mit Tempera zu malen, mit etwas Trockenpastell darüber. Meine Klassenkameraden waren total erstaunt, weil sie meine Bilder in der Schule nie so richtig beachtet hatten – bis jetzt. Natürlich hatte ich die besten Bilder ausgewählt und die missglückten Kleckserereien zu Hause gelassen. Sogar Marek Rosecký wollte unbedingt, dass ich ihm eins schenke, aber ich habe gesagt, dass ich das nicht kann. Ich wollte es auch gar nicht, denn ich hatte sie extra für Frodo ausgewählt.

Nach der vierten Stunde wartete ich, bis alle zum Mittagessen gegangen waren, damit die Mädchen nicht auf die Idee kommen konnten, mit mir zu Frodo zu gehen, denn ich wollte unbedingt mit ihm allein sein. Doch als ich vor dem Lehrerzimmer stand und an die Tür klopfen wollte, schlug mein Herz wie wild und ich bekam schreckliche Angst, obwohl ich nicht wusste, wovor. Ich schnupperte unter den Achseln an meinem T-Shirt, ob ich nach dem Angstschweiß aus der Mathestunde roch. Ich wartete noch einen Moment, und als ich anklopfen wollte, hörte ich Frodo hinter mir sagen: „Ich komme schon, Bára." Das kam so unerwartet, dass ich fürchterlich erschrak. Ich hatte nicht damit gerechnet, dass er auch woanders als im Lehrerzimmer sein konnte.

„Ich hatte Pausenaufsicht", erklärte er mir ungezwungen und ich spürte, wie ich rot wurde. Dann sagte er mir, ich solle mich setzen und bot mir ein Mineralwasser an. Ich lehnte lieber ab, obwohl ich gerne eins getrunken hätte, denn mein Mund war vor Aufregung ganz trocken.

Er setzte sich neben mich an den Tisch, öffnete die Mappe, die ich ihm gegeben hatte, und begann, die Bilder eines nach dem anderen anzuschauen. Manche sah er sich sehr lange an, betrachtete sie eindringlich, so dass ich mir sicher war, dass er alle Fehler darin erkennen würde. Und auch, dass er merken würde, wenn ich eigentlich nicht mehr an dem Bild hatte arbeiten wollen und es nur noch mit Farbe zugekleckst hatte. Dann nahm er die Zeichnung mit den Krähen und sagte, dass sie ihm am besten gefiele. Dabei lächelte er und sah noch mehr aus wie Frodo. Mir fiel auf, dass er sehr schöne lange Finger mit runden Nägeln hatte.

„Du hast wirklich großes Talent, das sehe ich", lächelte er und sah sich wieder die Krähen an.

Ich lächelte auch, aber in Wirklichkeit hatte ich das Gefühl, ich könnte vor Glück zerspringen. Ich hatte meine Aufregung völlig vergessen und hätte ihm am liebsten erzählt, dass ich schon einmal Krähen gezeichnet hatte, als wir im Unterricht Linolschnitt ausprobiert hatten, und dass die Machová mein Bild zu einem Wettbewerb eingeschickt hatte. Aber da sie nicht mehr an der Schule war, würde ich wohl nie erfahren, wie der Wettbewerb gelaufen war.

„Willst du meine Bilder sehen?", fragte er mich, nachdem er sich meine mindestens zweimal angeschaut hatte.

Bis dahin hätte ich nie gedacht, dass ein Lehrer auch malen könnte. Ich meine, es war noch nie vorgekommen, dass eine

Kunstlehrerin uns jemals ein selbst gemaltes Bild gezeigt hätte. Ich nickte nur, und Frodo griff nach oben auf den Schrank, wo er eine Rolle aufbewahrte, in der sich mehrere Zeichnungen befanden. Als er sie herauszog, roch es nach Farben, ich glaube, nach echten Malerfarben. Auf einigen Bildern waren verschiedene Gestalten zu sehen, vielleicht auch nur eine Person, bei der es so aussah, als ob sie ihre Wirbelsäule auf dem Papier abgedruckt hätte. Dann ein paar nette kleine Häuser und einige vage Landschaften. Die gefielen mir am besten, weil kaum etwas dargestellt war, nur eine Schneelandschaft mit ein bisschen Erde, die aus dem Schnee hervorlugte, und ein angedeuteter Staudamm an einem Teich. Und alles sah so schön aus.

„Und, gefällt dir irgendetwas?", fragte Frodo, als er sah, wie ich die Bilder betrachtete.

„Alles", nickte ich. Meine Bilder sahen neben seinen aus wie totales Geschmiere. Ich schämte mich fast vor ihm. „Dieses hier am meisten", sagte ich und zeigte auf die Schneelandschaft.

„Dann nimm es, wenn du willst", zwinkerte Frodo mir zu, „das heißt, wenn du mir auch eins von deinen gibst."

„Aber meine sind nicht so schön", schüttelte ich den Kopf, unfähig, den Blick von Frodos Landschaft abzuwenden.

„Das bildest du dir nur ein, ich bin älter und habe es von klein auf gelernt, meine Mutter ist Malerin", lachte er. Und dann erzählte er mir, dass er sich auf die AdbK vorbereite, allerdings schon ein paar Mal nicht genommen worden war.

Ich wusste nicht wirklich, was eine AdbK war, aber es musste die Kunstakademie sein, denn ich wusste, dass man dort zum Maler ausgebildet wurde. Frodo sprach mit mir, als wären wir Freunde.

„Wenn ich noch ein paar Mal abgelehnt werde, warte ich einfach auf dich und wir gehen zusammen. Denn du wirst es ganz sicher schaffen."

„Ich möchte total gerne Malerin werden", platzte es aus mir heraus. Ich hatte völlig vergessen, dass ich noch vor ein paar Tagen befürchtet hatte, Frodo würde es dumm finden, Malerin werden zu wollen.

„Und warum gehst du nicht auf die Jugendkunstschule?"

Ich zuckte mit den Schultern. Eigentlich wusste ich gar nicht, warum ich da nicht hinging. Wahrscheinlich, weil es mir bisher nicht in den Sinn gekommen war. Und auch, weil ich mir nicht sicher war, ob ich wirklich gut genug malen konnte.

„Du könntest bei meiner Mutter Unterricht nehmen, sie arbeitet dort", schlug Frodo vor, „ich rede mal mit deinen Eltern am Elternsprechtag, ja?"

Ich war überglücklich. Es fühlte sich an wie der beste Tag meines Lebens. Und ich beschloss, Malerin zu werden, auch wenn meine Eltern es mir tausend Mal verbieten würden. Denn jetzt wusste ich, dass es kein Blödsinn war. In diesem Moment ging die Tür auf und die Borková stürmte in den Raum und machte alles kaputt. Aber für mich war es trotzdem ein perfekter Moment. Frodo erzählte mir sogar, dass er seiner

Mutter meine Bilder zeigen wollte, und das machte mich noch glücklicher.
„Kriege ich also eins?", fragte er schließlich.
„Ich male Ihnen ein Besseres", erwiderte ich.
„Versprochen?"
Ich nickte.
„Also abgemacht.
Wenn du etwas Neues gemalt hast, bringst du es mit."
Es stand also fest, dass wir uns wieder treffen würden.

Zu Hause war ich überglücklich und beschloss, ab sofort jeden Tag zu malen und viele Bilder zu produzieren, damit ich Frodo schnell wiedersehen konnte.
„Worüber lachst du?", blaffte mich Katka an, sodass ich erschrak. Ich hatte gar nicht bemerkt, dass sie mich beobachtete.
„Ich lach doch gar nicht", gab ich zurück und ging nach unten in die Küche. Dort saßen schon Mama und Papa und fragten sofort, was in der Schule los war.
„Ne Zwei in Geschichte", gab ich zurück und machte mir einen Saft.
„Was ist mit den Bildern?", begann mich Mama auszufragen, denn sie hatte gesehen, dass ich sie heute Morgen eingepackt hatte, also musste ich ihr sagen, warum.
„Nichts", sagte ich achselzuckend. In Wirklichkeit wollte ihr nichts von dem erzählen, was Frodo gesagt hatte, weil sie sonst nicht lockergelassen hätte. „Wie, nichts? Der Lehrer muss doch

etwas zu dir gesagt haben, wenn er sie sehen wollte, oder?... Stell den Saft wieder an seinen Platz."

„Anscheinend ganz gut", antwortete ich. Ich hätte Mama gerne von der Kunstschule erzählt, aber sie hatte eine komische Laune und außerdem würde Frodo es ihr am Elternsprechtag erzählen. Das war vermutlich besser, als wenn es von mir käme, er war schließlich der Lehrer.

Ich beschloss, lieber ins Bad zu gehen, mich in die Wanne zu legen und über Frodo nachzudenken. Also ließ ich Wasser einlaufen, legte mich hinein und spielte mit dem grünen Duschgel, das angeblich aus Gurke gemacht ist. Ich malte damit Bilder auf meinen Bauch und wusch sie wieder ab. Und als ich dabei an Frodo dachte, fühlte es sich so gut an, dass sich mein Bauch und meine Mumu zusammenzogen.

Am Nachmittag gehe ich mit Katka und Barča zu Tesco. Barča braucht eine Jacke für den Frühling, ihr grüner Mantel ist schon zu kurz. Wir schlendern eine Weile zwischen den Kleiderständern umher, aber nichts spricht mich wirklich an. Schließlich suche ich eine beigefarbene Sportjacke für sie aus. Bára zieht ein langes Gesicht, die Jacke gefällt ihr nicht besonders, aber ich überrede sie schließlich, sie anzuprobieren. Sie bringt noch ein T-Shirt mit und verkriecht sich in der Kabine.

„Und, fertig?" Nach einem Moment ziehe ich den Vorhang zurück. Natürlich lässt sie sich Zeit, steht halbnackt da und starrt sich im Spiegel an. Sie reißt den Vorhang wieder zu, so dass beinahe die Kabine einstürzt. Als ob etwas Schlimmes passieren würde, wenn jemand sie so sieht. Sie ist doch noch ein Kind.

„Komm schon, ich werde hier nicht ewig warten", treibe ich sie zur Eile an.

„Katu, schau auch du mal, ob dir nicht etwas gefällt", sage ich zu Katka und zeige auf die Sweatshirts. Sie hat nur drei zu Hause und könnte ein weiteres gebrauchen. Aber Katka ist anders als Barča, die nicht nachdenkt, sondern sich einfach ein paar Kleidungsstücke schnappt und anprobieren geht. Und diese Farben: rosa, rot. Das gefällt mir nicht. Da sieht sie aus wie ein Clown. Und doch hat die Lehrerin in der ersten Klasse gesagt, wie gut sie Farben aufeinander abstimmen kann. Katuška hingegen, die nimmt sich zum Beispiel etwas Grünliches, ein Hauch von Erbsengrün – so ein Ton, bei dem man keine Angst haben muss, dass es beim Waschen ausblutet. Zum Glück ist Barča das T-Shirt zu klein, und größere haben sie sowieso nicht. Die Jacke ist in Ordnung. Ich bin schon entschlossen, sie zu kaufen, aber dann zögere ich, weil sie wahrscheinlich doch zu hell ist und ständig schmutzig sein wird. Also lege ich sie zurück.

Bevor Barča sich anzieht, sehe ich, dass eine Hose im Angebot ist. Für vierhundert Kronen, das ist okay, finde ich.

Schnell streife ich sie in der nächsten Kabine über. Sie sieht schön aus, aber ich fühle mich irgendwie reingequetscht. Nicht, dass ich besonders dick wäre, ich trage immer noch eine Achtunddreißig, aber trotzdem. Ich gucke hinaus, um die Mädchen zu fragen. Katuška kramt am Ende der Abteilung in einer Box mit Schals herum, Bára ist wieder angezogen und steht in der Nähe der Kleiderständer, also rufe ich nach ihr. Als sie genervt in meine Richtung schlurft, ziehe ich den Vorhang zurück und trete hinaus.

„Schau mal, wie steht mir das?"

Baruna guckt mich an: „Ja, gut."

„Und ich sehe darin nicht zu dick aus?" Ich drehe ihr halb den Rücken zu. Baruna schaut einfach weg.

„Bist du nicht", entgegnet sie.

„Schau mal genauer hin", fauche ich sie an, denn es ist ihr offensichtlich egal, was sie antwortet. Baruna wirft mir wieder einen halbherzigen Blick zu. „Nein, bist du nicht."

Am Ende nehme ich die Hose trotzdem nicht. Ganz bestimmt bin ich darin zu dick. Ich pfeife auf Barča. Ich werfe die Hose zurück auf den Ständer und wir gehen zu Katka.

„Hast du dir etwas ausgesucht?" Aber Katuška schüttelt den Kopf. Sie ist zu bescheiden.

Heute habe ich ein richtig tolles T-Shirt anprobiert. Ein rosanes, mit roten Strasssteinen, das hat mir so gut gefallen. Aber dann hat Mama gesagt, dass es mir zu klein ist und wir es nicht kaufen werden. Aber was mich am meisten ärgert, ist, dass sie immer in die Kabine kommt, wenn ich mich ausziehe. Dann zieht sie einfach den Vorhang zurück und es ist ihr egal, ob mich jemand sieht. Ich hasse das. Und auch, wenn sie möchte, dass ich gucke, ob ihr etwas gut steht. Denn eigentlich finde ich alles an meiner Mutter irgendwie eklig. Wie sie mir den Hintern entgegenstreckt und ich ihr sagen soll, ob ich ihn fett finde. Ich sage ihr immer, dass er es nicht ist, aber sie glaubt es trotzdem nicht. Auch wenn ich es ihr zwei oder drei Mal sage. Und dann guckt sie auch noch so angewidert. Genauso guckt sie, wenn sie mich anschreit. Sie schreit mich ständig an, wegen jeder Kleinigkeit. Fast jeden Tag. Papa schreit nicht so oft. Oder nur wegen Mama. Manchmal ist er nur wegen ihr so wütend. Meistens geht es um mich. Weil ich mich immer mit Mama streite, obwohl ich mich eigentlich gar nicht mit ihr streiten will. Aber sie reitet immer wieder auf denselben Dingen rum und irgendwann halte ich es nicht mehr aus und widerspreche ihr. Und so fängt der Streit an. Meistens, weil sie will, dass ich etwas tue, was ich gerade nicht machen will. So auch jetzt. Ich bin nur in die Küche, um mir ein Brötchen zu holen, und kann schon sehen, dass ihr wieder etwas nicht passt.

„Geh das Geschirr abwaschen!"

Ich weiß, sie hat das schon drei Mal gesagt.

„Ja, mache ich gleich", antworte ich und gehe in den Flur. Ich freue mich schon darauf, in der Wanne zu liegen und mit dem neuen Duschgel zu spielen, das so gut riecht. Nur schade, dass wir keinen Schlüssel für die Badezimmertür haben. Jederzeit kann jemand reinkommen, und das hasse ich. Besonders wenn es Papa ist.

„Wann spülst du dann ab?" Mama lässt nicht locker.

„Nach dem Baden."

„Mach es jetzt!"

„Ich will aber baden."

Sie packt mich am Arm: „Nein, du spülst jetzt ab!"
„Das werde ich nicht!"
„Doch, du wirst!"
Ich reiß mich los und gehe ins Bad.
„Du wirst es jetzt tun, oder ich sag's dem Papa." Mama zerrt an meiner Hand und zieht mich zum Waschbecken.
„Aber Abtrocknen werde ich erst nach dem Baden. Wenn es abgetropft ist", rege ich mich auf.
Ich fühle mich völlig hilflos. Ich wünsche mir so sehr, dass Mama sagt: „Ja klar, mach das später." Aber sie meint, sie habe es mir schon dreimal gesagt, also müsse ich es jetzt tun. Sie kann nicht verstehen, dass ich vorher ins Malen vertieft war. Ich habe einen Becher gemalt, der mir richtig gut gelungen ist und hatte gerade Farben auf meiner Palette, die eingetrocknet wären, wenn ich abgewaschen hätte. Aber so etwas interessiert Mama überhaupt nicht. Sie kümmert sich nur darum, ob aufgeräumt ist oder nicht.
Mama lässt mich an der Spüle stehen. „Wenn ich zurückkomme, bist du fertig", schreit sie und geht nach oben.
Ich fülle heißes Wasser in die Spüle, gebe ein paar Spritzer Pril rein und fange an, abzuspülen. Das macht mir überhaupt keinen Spaß. Besonders die Töpfe finde ich eklig. Igitt! Ich schrubbe sie mit einem Drahtschwamm, aber das Essen ist eingebrannt.
Endlich geschafft! Ich lasse das Wasser ab und bin froh, dass Mama nicht hier ist. Wenn sie nicht da ist, macht mir der Abwasch eigentlich gar nicht viel aus, abgesehen von den ein-

gebrannten Töpfen. Trotzdem mache ich es auf meine Art. Aber sobald sie reinkommt, erklärt sie mir, dass ich zuerst die Gläser abwaschen muss und dass das Besteck nicht mit ins Spülwasser darf. Und wenn ich ihr sage, dass ich das Besteck nicht absichtlich zwischen die Gläser gelegt habe, sondern dass es schon da war, schimpft sie noch mehr mit mir und sagt, ich hätte es vorher rausholen müssen. Schließlich trockne ich das Geschirr doch ab. Dann ziehe ich den Stöpsel aus der Spüle und gehe ins Bad. Ich schiebe den Wäschekorb hinter die Tür. Das habe ich von meiner Schwester abgeguckt. Selbst wenn sie nicht abgeschlossen ist, weiß man wenigstens, dass jemand drin ist, wenn man versucht, aufzumachen, und öffnet die Tür nicht ganz. Ich fülle meine Wanne mit warmem Wasser und öffne eine Flasche Duschgel. Das rote, das so gut riecht. Seit einiger Zeit gefallen mir bestimmte Düfte, dieser ist irgendwie süß, aber es riecht auch würzig nach Gras oder so.

Kaum bin ich in der Küche, sehe ich, dass das Geschirr weg ist. Und auch abgetrocknet. Naja, wenigstens das. Aber Barča macht nichts von sich aus. Nicht, ohne dass ich laut werden muss. Der nasse Lappen hängt am Heizkörper, sie hat ihn achtlos hingeworfen, aber das ist zu verschmerzen. Ich prüfe die Spüle. Bei Bára muss man immer nachkontrollieren, das weiß ich längst. Und natürlich ist es wieder passiert.

„Baruna!", schreie ich. Sie hat den Dreck in der Spüle gelassen. Und nicht mal ein Sieb hat sie reingetan, damit der Abfluss nicht verstopft. Im Abfluss sind noch ein Haufen Nudeln und

Reste von Angebranntem. Ich sage es ihr jedes Mal. Und es nützt trotzdem nichts. Doch dann steht Václav in der Tür. Er kommt spät von der Arbeit. Man sieht ihm an, dass er müde ist. In letzter Zeit hat er ein paar Kilo zugenommen, als ob ihm alles egal wäre. Er läuft immer unrasiert herum und macht den Eindruck, als wäre das Einzige, das ihn interessiert, sich mit einem Bier vor den Fernseher zu setzen. Die Männersachen im Haus erledigt er schon, aber die Mädchen scheinen ihn gar nicht mehr zu kümmern. Er überlässt alles mir. Und da wundert er sich noch, dass ich nicht mit ihm schlafen will. Ich bin den ganzen Tag nur am Rumhetzen und versuche, alles zu erledigen, so dass ich abends keine Lust mehr habe. Er müsste sich schon ein bisschen mehr anstrengen.

Irena von der Arbeit meinte, ich solle aufpassen, dass er sich keine andere sucht, aber dass traue ich ihm nicht zu. Da bin ich mir sicher. Den Weibsbildern hinterherschauen, das schon, aber er würde sich nicht trauen, etwas mit einer anzufangen. Wenn ich ihn damals nicht angebaggert hätte, wäre aus uns nichts geworden, von sich aus hätte er nie etwas versucht. Aber aus der Haut fahren, das kann er schon.

Das liegt an seinen schwachen Nerven. Dann passiert es schon mal, dass er mal ausflippt. Nur so lange alles in Ordnung ist, bin ich diejenige, die alles entscheiden muss. Das liegt nicht in seinem Naturell. Aber mich fragt ja auch niemand, ob ich alles entscheiden will, Naturell hin oder her.

„Was ist denn schon wieder mit Barča?", brummt er verärgert. Das macht mich rasend. Als ob ich diejenige wäre, die

Probleme mit dem Mädchen hat. „Na was wohl? Sie hat wieder eine Sauerei hinterlassen. Und sie will immer diskutieren. Die ganze Zeit!"
Václav winkt ab. Wieder mal typisch.
„Was wedelst du mit der Hand? Wie oft habe ich es ihr gesagt, und sie macht's nicht."
„Und was hat das mit mir zu tun?", antwortet Václav, als er sieht, dass ich darauf warte, was er zu sagen hat.
„Du sollst mit ihr reden! Und frech ist sie auch noch!"
Aber Václav geht stattdessen wortlos zum Kühlschrank. Er holt Wurst und Butter heraus. Dann nimmt er sich drei Brötchen von der Theke. Man kann sehen, dass er vor Ärger zu kochen beginnt. Er setzt sich an den Tisch, legt die Brötchen auf die Tischdecke, obwohl der Teller direkt vor ihm steht.
„Musst du auf den Tisch bröseln?", maule ich ihn an.
Er legt ein Brötchen auf seinen Teller und schweigt weiter.
„Und was machst du jetzt mit Baruna?"
„Klär das selbst mit ihr", versucht er mich abzuwimmeln.
„Ich? Schon wieder ich! Warum muss ich mich immer um alles kümmern? Du sitzt doch hier nur rum und die Sache ist für dich erledigt."
„Gott verdammt nochmal, gib jetzt endlich Ruhe!", schnauzt er mich an, als ob ich etwas falsch machen würde. Dabei will ich doch nur, dass er das Mädchen auch ein bisschen miterzieht.
„Dann klär das mit Baruna!", beharre ich und schlage den nassen Abwaschlappen gegen den Tresen.

Václav schießt aus der Küche. Ich höre, wie er ins Bad stürmt. Die Tür fliegt auf. Baruna hat wieder den Wäschekorb dahinter geschoben. Dann ertönt ein furchtbarer Schrei.

Papa hat mich wieder verhauen. Er war furchtbar wütend, weil Mama geschrien hat. Er schlägt mich immer, wenn sie schreit. Angeblich habe ich nicht richtig abgewaschen. Aber ich weiß, dass ich es richtig gemacht habe. Sogar den Topf habe ich richtig geschrubbt. Und ich habe alles noch vor dem Baden abgetrocknet. Aber vielleicht habe ich den Lappen nicht richtig ausgewrungen.
Meine Schwester haut Papa nie. Weil sie braver ist als ich. Und weil sie alles richtig macht. Nicht so wie ich. Aber ich glaube nicht, dass er mich wirklich so heftig hauen will, er ist nur sauer auf Mama.
Aber heute war das Schlimmste nicht so sehr, dass Papa wütend war und mich verhauen hat. Sondern dass ich nackt in der Badewanne saß, als er über mich herfiel. Der Korb, den ich hinter die Tür gestellt hab, flog weg wie nichts. Bevor ich reagieren konnte, packte er mich an der Hand, zog mich aus der Wanne und versohlte mir den nackten Hintern. Und ich bin mir sicher, dass er gesehen hat, dass meine Brüste ein bisschen gewachsen sind und dass ich schon ein paar Haare auf meiner Mumu habe. Ich versuchte, mich mit meinen Händen zu wehren, aber es war fast unmöglich. Das lag auch daran, dass ich nirgendwohin flüchten konnte. Ich heulte wie verrückt. Ich hab mich nicht einmal abgetrocknet, sondern mein

Nachthemd übergeworfen und bin hinausgeflitzt. An der Tür stieß ich mit meiner Schwester zusammen, die sich gerade die Zähne putzen gehen wollte. Sie tat so, als würde sie mich gar nicht heulen sehen. Sie tut immer so, als ob sie nichts sehen würde. Ich kroch die Treppe hinauf in mein Zimmer und versteckte mich unter dem Fenster hinter dem Vorhang. Der geht bis zum Boden, das ist mein Versteck.
Ich saß dort auf dem Boden und weinte eine Weile, aber dann beschloss ich, aus dem Fenster zu schauen, um zu sehen, ob die Krähe, die ich gemalt hatte, immer noch in dem großen Baum im Park vor dem Haus saß. Sie war noch immer da.

Ich habe nicht gewollt, dass Václav Baruna so zurichtet. Ich wollte nur, dass er das mit ihr klärt. Ich mache mir Vorwürfe, dass ich ihn ein wenig dazu verleitet habe. Doch immer, wenn mir auffällt, wie unterschiedlich Katka und Barča sind, kann ich einfach nicht anders. Das Schlimmste ist, dass Irena mir ständig erzählt, was ihre Mädchen alles schon können. Sie sind genau so alt wie meine. Sie sagt zum Beispiel, dass sie samstags selbständig um acht Uhr aufstehen und im ganzen Haus Staub wischen. Die Ältere von ihnen kann schon Mittagessen kochen, und sonntags backen sie Kuchen. Katuška, die gibt sich auch schon Mühe. Sie bemerkt von sich aus, wenn etwas auf dem Küchenboden verschüttet wurde, und wischt es auf. Aber Baruna kümmert das nicht. Wenn ich Irena so reden höre, habe ich das Gefühl, dass ich die Mädchen dazu drängen muss, auch so zu sein. Mit Baruna gibt es deswegen immer Ärger. Aber auf der anderen Seite weiß ich, dass man Kinder nicht so verdreschen sollte.

Ich zögere einen Moment, aber dann reiße ich mich zusammen und gehe nach oben ins Kinderzimmer. Es sieht so aus, als würden beide Mädchen schlafen. Baruna hat ihren Kopf im Kissen vergraben. Ich bleibe noch einen Moment in der Tür stehen, aber bevor ich gehe, höre ich sie schluchzen. Ich gehe zurück und setze mich zu ihr aufs Bett. Ich muss ihr doch sagen, wie die Dinge stehen.

„Papa hat es nicht so gemeint", setze ich an.

Baruna schweigt einen Moment lang, aber dann schluchzt sie wieder. Diesmal ein bisschen stärker.

„Papa und ich haben dich lieb", fahre ich fort.

Sie hält meine Hand fest, und jetzt weint sie aus voller Brust. „Aber ich... ich...", zwischen den Schluchzern kriegt sie kein Wort heraus.

„Warum machst du uns solche Sorgen? Schau dir Katuška an. Es ist doch nicht schwer, hinter sich aufzuräumen." Aber Baruna heult lautstark weiter. Ich kann die nasse Stelle auf ihrem Kopfkissen spüren. Das wird einen Fleck geben und ich werde wieder die Bettwäsche wechseln müssen. Aber das soll sie dann machen. Sie hätte sich die Nase mit einem Taschentuch putzen und nicht den Rotz an der Bettdecke abwischen sollen. Sonst lernt sie es nie. Für heute Abend lasse ich es aber gut sein. Sie weint so heftig, dass ich lieber nicht weiter herumbohre. Eigentlich ist sie genau wie Václav, kommt mir in den

Sinn, man muss bei beiden erst laut werden, bevor sie einen Finger rühren.
„Jetzt hör auf zu weinen, du wirst noch Katuška aufwecken", versuche ich, sie zu beruhigen. Nach einer Weile hört sie schließlich auf und schluchzt nur noch ab und zu. Ich stehe leise auf und gehe. Das Problem hat sich endlich erledigt.

„Was ist das an deinem Hintern?", fragt mich Karolína, als wir uns für den Sportunterricht umziehen.
Zuerst weiß ich nicht, wovon sie spricht. Ich erschrecke ein wenig und frage mich, ob meine Unterhose ein Loch hat. Mama sagt, wir sollen vorsichtig sein, manche dürfen wir nur noch tragen, wenn wir uns nirgends ausziehen.
„Es sieht aus wie ein Handabdruck", sagt Karolína und zeigt auf meinen Hintern. Ich ziehe schnell meine Sporthose an und tue so, als ob nichts wäre. „Achso, da bin ich gestern hingefallen."
„Und warum sieht es dann aus wie eine Hand?", fragt mich Karolína wieder.
In diesem Moment hasse ich sie wirklich. „Weil es auf der Treppe war, ich bin da runtergerattert", antworte ich und versuche mein Bestes, damit sie mir glaubt. Ich würde vor den Mädchen niemals zugeben, dass Papa mich verprügelt hat. Weil das peinlich wäre. Wahrscheinlich auch, weil die anderen Mädchen zu Hause keine Prügel bekommen. Oder vielleicht spricht auch keine von ihnen darüber.

Ich schäme mich so sehr dafür, und nach dem Sport gehe ich lieber aufs Klo, um mich umzuziehen, damit die anderen Mädchen es nicht sehen. Zum Glück bemerkt mich danach niemand, so dass ich es vergesse. Das heißt, bis zum Abend, als ich an meinem Schreibtisch sitze und lerne, denn nachdem ich so lange auf dem harten Stuhl gesessen habe, tut mir mein Hintern weh. Ich frage mich, ob ich dort nicht einen blauen Fleck bekommen habe.

Ich warte, bis meine Schwester ins Bad geht, klettere auf den Stuhl in meinem Zimmer und betrachte meinen Hintern im Spiegel. Man sieht dort tatsächlichen einen kompletten Handabdruck. Karolína hat mir bestimmt nicht geglaubt. Aber zugeben würde ich es trotzdem nicht.

Meine Schwester platzt völlig unerwartet ins Zimmer. Sie hat ihr Nachthemd vergessen. Sie weiß gleich, was Sache ist.

„Zählst du deine Speckrollen?", fragt sie verächtlich.

Ich antworte ihr nicht, sondern ziehe schnell meine Unterhose hoch und springe vom Stuhl.

Meine Schwester schnappt sich ihr Nachthemd vom Bett und tut so, als sei ich an allem selbst schuld. Schließlich sagt sie es auch: „Mama hat recht, du hast es verdient."

Die nächste Sportstunde ist übermorgen, und ich frage mich, ob die blauen Flecken bis dahin verschwunden sein werden, denn es könnte ja wieder jemandem auffallen. Und dann nehme ich mir vor, beim Umziehen zu prüfen, ob die anderen Mädchen auch so was haben, damit ich wenigstens nicht die Einzige bin.

Ich setze mich lieber wieder an meinen Schreibtisch und mache meine Hausaufgaben, auch wenn ich schon ziemlich hungrig bin. Aber ich habe überhaupt keine Lust, nach unten zu gehen. So ist es immer, wenn ich den Hintern versohlt bekomme. Ich will Papa nicht sehen, und ich will vor allem nicht, dass er mich sieht. Früher wollte ich es deswegen nicht, weil er mich manchmal auch zwei Tage danach noch böse angeschaut hat. Ich hatte fast schon Angst, er würde mich wieder verhauen. Aber jetzt will ich nicht, dass er mich anschaut, weil ich weiß, dass er mich nackt gesehen hat. Und er mich währenddessen geschlagen hat. Mit Mama ist es dann doch besser. Sie redet zwar nur wenig mit mir und Papa hat mich nur wegen ihr geschlagen, aber vor ihr schäme ich mich nicht so sehr. Weil sie auch ein Mädchen ist.

Die Krähe hat begonnen, ein Nest auf der alten Ulme zu bauen. Ein Männchen flattert um sie herum. Beide tragen Zweige, Gras und kleine Papierfetzen hoch in die Baumkrone. Bald wird sie die Eier ausbrüten. Das obere Fenster des Hauses ist erleuchtet. Hinter dem Glas ist das Mädchen mit kurzen Haaren zu sehen. Sie steht vor einem Spiegel und betrachtet ihren Körper. Die Krähe weiß nichts von Schönheit. Und doch hat sie ein Männchen angelockt.

Hurra, hurra! Ich habe echt gewonnen. Den Wettbewerb aus dem Kunstunterricht, für den ich den Linolschnitt mit den Krähen gemacht habe. Frodo hat mir heute erzählt, dass die Ergebnisse da sind und dass ich in der regionalen Runde den ersten Platz belegt habe. Er gab mir ein ausgedrucktes Bild, das ich als Andenken behalten konnte, und er sagte auch, dass es eine feierliche Übergabe geben würde und dass ich meine Eltern bitten sollte, mit mir dorthin zu fahren. Dann gab er mir einen Zettel für sie mit, auf dem alles stand. Als ich es meiner Schwester zu Hause erzählte, war sie angefressen und meinte nur, der Linolschnitt sei total hässlich und sie kapiere überhaupt nicht, wie so etwas den ersten Platz machen könne. Aber ich glaube, sie ist eigentlich nur neidisch, denn die Machová hat ihr Bild auch zum Wettbewerb geschickt, aber ihres hat überhaupt nichts gewonnen. Ich habe zu mir selbst gesagt, dass meine Schwester mich mal kann und beschlossen, dass Bild über mein Bett zu hängen, denn jetzt ist klar, dass dies mein bisher bestes Werk ist. Als Mama von der Arbeit nach Hause kam, rannte ich sofort hinunter, um es ihr zu erzählen und ihr den Zettel von Frodo zu geben, damit sie mir glaubt und nicht denkt, ich hätte mir das nur ausgedacht. Sie sagte: „Gut gemacht!", und dass sie später mit Papa sprechen würde, um zu klären, ob er mit mir hinfahren könnte, da sie an diesem Tag wahrscheinlich arbeiten müsste.

Ich habe also wieder auf Papa gewartet, denn seit der Prügelstrafe waren ein paar Tage vergangen und er sprach wieder

normal mit mir. Papa sah nicht gerade begeistert aus, aber schließlich sagte er, dass er mich dorthin begleiten würde.
Danach sind er und Mama in die Stadt gefahren, angeblich um einzukaufen, und ich bin in die Garage, um einen Hammer und Nägel zu holen, weil ich mir das Bild an die Wand hängen wollte. So etwas hatte ich vorher noch nie gemacht, aber ich dachte mir, so schwer würde es schon nicht werden. Als ich es allerdings versuchte, konnte ich nicht gleichzeitig Papier und Nagel halten und mit dem Hammer klopfen. Meine Schwester beobachtete mich, ohne mir zu helfen, aber das hätte ich sowieso nicht gewollt. Ich wollte es lieber selbst probieren. Zuerst verbog sich der Nagel ein paar Mal, und als ich ihn schließlich ein wenig einschlug und prüfte, ob er halten würde, brach ein Stück Putz ab. Schließlich fand ich einen längeren, dickeren Nagel, der besser passte und ich schlug ihn ein wenig höher ein als vorher, um die Löcher zu verdecken. Dann stieg ich vom Bett, guckte lange das Bild an der Wand an und fand es wirklich schön. Schnell versteckte ich den Hammer und die anderen Nägel und wischte mit der Hand die Putzbrösel von der Bettdecke. Ich weiß, ich hätte sie in den Müll werfen sollen, aber ich schob sie schnell unters Bett, weil Mama es sowieso nicht bemerken würde.Wenn ich sie einfach von der Bettdecke gefegt hätte, wären die Brösel sicher auf den Teppich gefallen und ich hätte den Staubsauger holen müssen, und dazu hatte ich an einem so großen Tag keine Lust.
Nachts konnte ich kaum schlafen, weil ich immer noch daran denken musste, dass ich es geschafft hatte und den Preis

bekommen würde. Aber vor allem kratze es furchtbar an meinen Beinen, denn es lagen immer noch kleine Brösel von der Wand im Bett.

Barča spielt sich so vor Katuška auf, als wäre sie Gott weiß wie talentiert. Sie hat ein schönes Bild gemalt, das ja, sie malt sehr schön, aber das tut Katuška auch. Barča hat einfach ein bisschen Glück gehabt, aber deshalb muss sie sich doch nicht so aufführen. Heute Morgen musste ich sie zurechtweisen, und da hat sie mir böse Blicke zugeworfen. Natürlich habe ich vor den Kolleginnen auf der Arbeit geprahlt, damit sie wissen, dass auch meine Mädchen etwas zustande bringen. Und auch noch extra kurz vor der Besprechung, damit die Direktorin mich hören konnte.

„Dann fahrt ihr als ganze Familie hin, oder?", fragte sie.

„Naja, ich habe Nachmittagsschicht", antwortete ich, und eigentlich war ich froh, ihr zeigen zu können, dass wir hier in der Bibliothek auch nicht auf der faulen Haut lagen.

„Achso, na dann tauschen Sie doch", antwortete die Direktorin, als wäre das kein Problem. Natürlich erntete ich fiese Blicke, weil klar war, dass eine mit mir tauschen musste.

Niemand arbeitet freiwillig am Nachmittag.

„Dann tausche ich mit dir den Mittwoch", seufzte Marcela schließlich.

Sie hatte zwar keine große Lust, aber ich ließ mich sofort darauf ein. Ich vermerkte es außerdem auch gleich im Dienstplan und zeigte ihn der Direktorin, bevor es sich Marcela wieder anders

überlegen konnte. Wenigstens kam ich so zu ein bisschen Freizeit.
Während ich im Besprechungszimmer sitze und nachdenke, fällt mir ein, dass ich den Frauen auf der Arbeit das Bild zeigen sollte. Und ich könnte auch eins von Katuška mitnehmen, damit sie sehen können, dass ich zwei begabte Töchter habe.

Zu Hause marschiere ich direkt ins Kinderzimmer, aber als ich reinkomme, sehe ich etwas Unglaubliches. Über Barunas Bett hängt ihr Bild, mit einem großen Nagel befestigt. Ich werde auf der Stelle schrecklich wütend, weil sie ständig alles kaputt machen muss. Ich stürze zum Bett und reiße das Bild runter, so dass es in der Mitte zerreißt. Erst jetzt sehe ich die Löcher darunter, von den vorherigen Versuchen, es zu befestigen. Und natürlich den Putz, verteilt im ganzen Bett. „Nicht dein Ernst", schreie ich und lasse mich hilflos auf das Bett fallen. Ich fange ernsthaft an zu weinen. Selbst die kleinste Freude ist dahin. Schließlich reiße ich mich zusammen, schnappe mir den Staubsauger und sauge den Dreck weg. Dann reiße ich den Nagel aus der Wand, und ein weiteres Stück Putz löst sich, aber das stört mich nicht mehr, Václav muss es sowieso neu verspachteln. Ich pfeffere Barunas Bild auf den Tisch und gehe runter.

Mama hat alles kaputt gemacht. Sie macht ständig alles kaputt, was mir wichtig ist. Und jetzt hat sie mein Bild zerrissen. Und sie hat so viel geschrien, wegen der Löcher in der Wand. Aber es ist nicht meine Schuld, dass die Wand immer wieder abblättert. Ich habe echt versucht, den Nagel vorsichtig einzuschlagen. Das Bild war ein Linolschnitt. Ich könnte also Frodo bitten, es noch einmal zu drucken. Aber es wäre nicht dasselbe, weil das allererste Bild zerstört wurde. Und ich weiß auch nicht, wie ich Frodo erklären soll, warum ich es noch einmal gedruckt haben will. Und obwohl ich die Zeichnung später wieder zusammengeklebt habe, habe ich sie nirgendwo mehr aufgehangen. Ich habe sie in meine Schreibtischschublade geworfen und will sie nicht mehr sehen. Ich setze mich in mein Zimmer und weine wie verrückt. Aber dann fällt mir ein, dass Frodo auch so weiß, dass ich gewonnen habe, und dass ich Talent habe, obwohl das Bild zerrissen wurde. Gleich fühle ich mich ein bisschen besser. Ich will etwas malen. Also putze ich mir die Nase und überlege, was ich malen könnte, aber mir fällt nichts ein. Dann erinnere ich mich an dieses Buch, das ich mir von Mamas Arbeit ausgeliehen habe, ein Märchenbuch. Ich denke, ich kann daraus etwas abmalen, denn manchmal zeichne ich gerne nach Vorlage.

Mama war ziemlich überrascht, dass ich mir so ein Buch für kleine Kinder ausleihen wollte, aber ich habe ihr nicht gesagt, warum. Es ist nur schade, dass ich keine so schönen Farben habe wie in dem Buch. Zum Beispiel Gold. Da hatte ich nur einmal einen Wachsmalstift. Er war in so einer Schachtel, die meine Schwester und ich von meiner Tante bekommen haben, und wir haben uns die ganze Zeit darum gestritten. Und trotzdem habe nur ich ihn fast ganz runtergemalt. Meine Schwester hat nämlich nicht so tolle Ideen fürs Malen wie ich. Sie verhält sich sowieso ganz seltsam. Ich verstehe gar nicht, warum sie Mama so gerne hilft. Nach dem Essen zum Beispiel würde ich am liebsten einfach sitzen bleiben, aber sie steht gleich auf und geht abwaschen. Sie will auch nicht mehr mit mir spielen. Auch jetzt sitzt sie am Tisch und lernt. Sie paukt Erdkunde. Ich stelle ihr lieber keine Fragen und fange an zu malen. Ich beginne mit einem großen Wald. Zum Schluss male ich Hänsel und Gretel hinein, die verängstigt zwischen den Bäumen stehen. Das ist eine Menge Arbeit, vor allem das Mischen all der verschiedenen Grüntöne.

Endlich habe ich den Wald fertig, und er gefällt mir ganz gut, obwohl er nicht so aussieht wie auf dem Bild im „Die schönsten Märchen"-Buch. Ich betrachte es eine Weile, und beschließe, den Rest auf meine Art zu malen. Ich will das Buch zuklappen, aber als ich danach greife, bleibe ich am Wasserbecher hängen und verschütte alles über die Zeichnung.

„Spinnst du?", herrscht mich meine Schwester an und hüpft vom Tisch weg.

Wir teilen uns den großen Schreibtisch, also läuft das schmutzige Wasser auch auf ihre Seite. Und natürlich tropft es, bevor ich es aufhalten kann, auf den Teppich. Das wird einen Riesenärger geben. Ich weiß nicht, was ich tun soll, also renne ich ins Bad, schnappe mir ein Handtuch und versuche, das Wasser aus dem Teppich zu saugen, nur leider verschmiere ich dadurch alles noch mehr.

„Du musst auch den Tisch abwischen." Meine Schwester beobachtet mich, setzt sich aber ruhig wieder hin und hilft mir überhaupt nicht.
Um den Tisch mache ich mir keine Sorgen, er ist aus Holz, da wird es keinen Fleck vom Schmutzwasser geben. Ich probiere es mit einem Putzlappen für den Boden, schütte etwas Pril auf den Fleck und fange an zu schrubben.

„Du kannst es sowieso nicht verstecken. Mama wird es merken", sagt meine Schwester hämisch, als ob sie sich freuen würde, dass ich wieder Ärger bekomme. Sie lehnt sich in ihrem Stuhl zurück und stützt ihr Erdkundebuch auf den Knien ab.
Ich schrubbe noch eine Weile, aber dann lasse ich es sein. Da ist zwar ein Fleck, aber ich lege meinen Rucksack darauf. Wenn Mama kommt, wird sie es nicht bemerken, und wenn es getrocknet ist, ist es vielleicht nicht mehr so schlimm.
Meine Schwester steht auf und geht zum dritten Mal an diesem Nachmittag ganz wichtigtuerisch aufs Klo.
„Warum gehst du ständig aufs Klo?", frage ich sie, als sie nach einer Weile mit erhobenem Haupt zurückkommt.
„Sag ich nicht", erwidert sie.
Sofort wird mir klar, dass sie ein Geheimnis hat, und ich werde neugierig. „Bitte erzähl es mir", bettle ich und schließe meine Hände wie zum Gebet.
Meine Schwester macht ein Gesicht, als ob ich gar keine Ahnung hätte, sagt dann aber: „Ich hab's bekommen."
„Was denn?" Ich verstehe nicht.

„Na was denn wohl? Meine Tage."
„Echt?", entgegne ich verwundert. Plötzlich kommt mir meine Schwester sehr seltsam vor. Sie ist dieselbe und doch anders. Ich finde es so komisch, dass ich jetzt weiß, dass sie aus ihrer Mumu blutet. Das muss echt furchtbar sein. „Wie ist es denn?", frage ich.
„Normal halt", antwortet sie.
Aber ich kann sehen, dass sie nur so tut, als ob. Denn sonst würde sie nicht immer noch so angeberisch auf die Toilette gehen. „Und woher hast du die Binden?"
„Mama hat mir welche gegeben."
„Weiß Papa davon?" Das ist es, was mich am allermeisten interessiert. Weil ich weiß, dass meine Schwester sich auch vor Papa schämt, wenn sie nackt ist und so. Also wäre ihr das hier vielleicht auch peinlich. Ich würde jedenfalls nicht wollen, dass Papa so etwas von mir weiß.
Meine Schwester zuckt mit den Schultern.
Den ganzen Nachmittag denke ich an nichts anderes. Meine Schwester lernt wieder, aber ich gucke immer wieder zu ihr rüber.
Schließlich halte ich es nicht mehr aus und gehe ebenfalls ins Bad, ziehe den Vorhang zurück, hinter dem sich Regale mit verschiedenen Sachen befinden, und nehme eine Packung Binden in die Hand. Ich weiß zwar schon seit langem, dass sie dort liegen, aber ich habe sie mir nie richtig angesehen. Die Packung ist schon angebrochen, also ziehe ich eine Binde heraus und versuche, sie zwischen meine Beine zu tun. Einfach so, über

meine Sporthose. Es ist ziemlich seltsam. Ich habe total Mitleid mit meiner Schwester. Wie wird sie das wohl in der Schule machen? Wie soll sie die Binde vor den Jungs in der Klasse aus ihrer Tasche nehmen, um damit aufs Schulklo zu gehen, denn sie wird sie ja auch mal wechseln müssen. Also wenn ich meine Tage bekomme, und das will ich wirklich nicht, werde ich mein kleines rotes Täschchen nehmen und die Binde darin verstecken. Es ist so ein kleines, für Cremetuben in Reisegröße gedacht. Bisher habe ich nur eine Creme mit Kamille, das heißt, das Täschchen ist fast immer leer, aber wenn ich meine Tage bekomme, werde ich es in meinen Rucksack stecken und dafür benutzen.

Ich schaue nach, ob sich noch etwas anderes Interessantes im Regal befindet, aber da ist nichts. Und dann fällt mir ein, dass der seltsame Mülleimer unter dem Regal ein Extrabehälter für Binden sein könnte. Ich bin so neugierig, wie sie aussehen. Aber als ich den Mülleimer öffne, sind da nur in Toilettenpapier eingewickelte Päckchen und sonst nichts. Und sie auszupacken, davor ekle ich mich dann doch.

In der alten Ulme beginnt die Natur zu erwachen. Die Krähe brütet vier Eier aus. Es wird lange dauern. Das Männchen schafft Futter herbei. Im Haus ist ein Fenster offen. Menschliche Schreie dringen nach draußen. Das Mädchen mit den kurzen Haaren weint. Die Krähe ist unruhig. Das menschliche Weinen stört sie.

Katuška hat also ihre Periode bekommen. Jetzt ist sie ein großes Mädchen. Man weiß gar nicht, wo die Zeit hin ist. Ich hatte ihr alles ordentlich erklärt. Dass sie duschen soll, anstatt in der Wanne zu sitzen. Und dass sie die Binden ordentlich in Toilettenpapier einwickeln muss. Aber das wäre gar nicht nötig gewesen, sie denkt sowieso schon von selbst daran.

Ich sollte auch Václav davon erzählen, er ist heute früher von der Arbeit gekommen und liest die Bücher, die ich ihm aus unserer Bücherei mitgebracht hab. Er mag alles, was mit Krieg zu tun hat. Im Fernsehen guckt er immer Dokumentationen über Konzentrationslager, über verschiedene Kämpfe und so was. Also ich mag solche Dinge nicht. Ständig darüber zu lesen, wie die Leute gelitten haben, Kinder gestorben sind, wie die Menschen dort gequält wurden. Aber Václav interessiert das. Er meint, die Leute lernen wenigstens etwas dazu, wenn sie so was anschauen.

Ich ging zu ihm ins Wohnzimmer und brachte ihm sein Bier. Dort steht schon eine leere Flasche.

„Musst du es denn auf den Tisch stellen?", frage ich und hebe die Flasche hoch, um mit dem Handrücken den feuchten Abdruck wegzuwischen.

„Wo soll ich es sonst abstellen?", fragt er, als ob er nicht wüsste, dass wir dafür Untersetzer haben.

„Katuška hat ihre Tage bekommen", sage ich und warte, was er dazu meint.

Er blickt nicht einmal von seinem Buch auf.

„Naja, jetzt wird sie halt eine Frau", fahre ich fort.

Irena hat mal erzählt, dass sie zu Hause eine Party gefeiert haben, als die Mädels ihre Tage bekamen, weil sie ja nun erwachsen waren. Das kommt mir ziemlich übertrieben vor. Andererseits denke ich, dass Václav als ihr Vater es wissen sollte.

„Na und warum erzählst du mir das?", blafft er mich an. Als ob ich etwas Schlimmes zu ihm gesagt hätte. Besser, ich gehe jetzt. Für alles bin ich allein zuständig. Für alles. Ihm sind die Mädchen total egal.

„Na mach schon, Baruna", ruft mir Mama vom Flur aus zu. Ich ziehe den blauen Rock an, den Mama mir rausgelegt hat und gehe nach unten. Meine Schwester ist auch schon fertig, sie trägt den roten Pullover, der mir so gut gefällt, doch sie sieht ziemlich genervt aus. Und sie wiederholt absichtlich Mamas Worte, dass es zwar schön sei, einen Preis zu bekommen, aber ich hätte ja die Wand kaputt gemacht. „Ja genau, und du musstest es gleich petzen", sage ich wütend zu ihr. Ich weiß zwar nicht, ob sie es wirklich getan hat, aber das ist mir jetzt auch schon egal. Sie war ja sowieso sauer auf mich. Sie tut so, als wäre es wegen der Wand, aber ich weiß genau, dass es daran liegt, dass ich gewonnen habe und sie nicht.Die Preisverleihung findet in einem großen, schönen Saal statt, der wie ein Theater aussieht, mit einer Bühne und einem großen Schild, auf dem der Name des Wettbewerbs steht, und mit weinroten Samtsesseln, die man aufklappen kann. Ich bin so aufgeregt und mein Herz klopft, weil ich weiß, dass Frodo auch da sein und sehen wird, wie ich den Preis überreicht bekomme. Schon an der Tür bekommen wir ein kleines Geschenkpaket in die Hand gedrückt, mit Stiften, einem Notizblock, Waffeln und Eisschokolade darin. Überall hängen die Bilder, die gewonnen haben, meins hängt auch dort. Ich gehe direkt dorthin und Papa macht ein Foto von mir, wie ich davorstehe.

Dann sagt jemand ins Mikrofon, dass die Preisträger in der ersten Reihe Platz nehmen dürfen, dass dort aber nur ein Elternteil zusätzlich Platz hat und die anderen nach hinten sollen. Ich weiß, dass ich mich entscheiden muss, ob Mama oder Papa neben mir sitzen soll. Ich überlege kurz, was besser ist, ich würde lieber Mama nehmen, aber sie ist immer noch sauer auf mich, also sage ich, das Papa mitkommen soll. Ich glaube, er freut sich am meisten über meinen Preis, auch wenn er es nicht laut sagt. Mama und Katka müssen fast ganz hinten sitzen, wo noch Plätze frei sind. Frodo sitzt in der dritten Reihe mit den anderen Lehrern und noch einer alten Dame, ich glaube, sie ist auch Lehrerin, aber nicht von unserer Schule.

Und dann geht es los, zuerst singt ein Kinderchor einige dieser Lieder von Zdeněk Svěrák, die ich eigentlich nicht mag, aber wenigstens sind es keine Volkslieder, die kann ich noch viel weniger leiden. Nach den Liedern gehts weiter mit der Bekanntgabe der Preise. Zuerst bekommen die kleinsten Schulkinder einen Preis, dann die Primärstufe – es sind zwei Jungen aus unserer Schule – und dann ist die Sekundarstufe dran. Ich bin froh, dass ich schon weiß, was man auf der Bühne machen soll, und als ich aufgerufen werde, habe ich nur noch ein klein wenig Bammel. Sobald ich meinen Namen höre, schieße ich nach oben und laufe los. Doch als ich mich der Bühne nähere, kriege ich vor lauter Panik weiche Knie, ohne zu wissen, warum. Wahrscheinlich, weil ich spüre, dass alle mich ansehen, vor allem Frodo. Kaum bin ich da, übergeben mir eine Dame und ein Herr eine Blume und eine kleine Statue und schütteln mir die Hand. Dann fragen sie mich, wie ich auf die Idee gekommen bin, Krähen zu malen und halten mir ein Mikrofon vor den Mund. Ich merke, wie ich rot werde, und weiß erst nicht, was ich sagen soll, aber dann presse ich hervor, dass es die Krähen sind, die ich immer vom Fenster unseres Zimmers aus sehe. Dann applaudieren alle, und ich bin froh, dass es vorbei ist, und beim Zurückgehen schwebe ich fast. Ich kann gerade noch sehen, wie Frodo mich anlächelt und auch freudig klatscht.

„Wie du ausgesehen hast", blafft mich meine Schwester an, sobald die Zeremonie vorbei ist und wir zum Buffet gebeten werden. „Du warst rot wie ein Krebs, voll peinlich", stichelt sie weiter.

Ich schaue absichtlich zu Mama, damit sie sich für mich einsetzt. Aber das tut sie nicht, stattdessen sagt sie nur, dass ich ihr leidgetan habe. Meine Schwester hat also recht, ich habe mich voll peinlich benommen. Bis zum Ende der Veranstaltung schäme ich mich so sehr, ich habe das Gefühl, dass mich alle anstarren. Ich esse lieber nichts, auch wenn die belegten Brötchen sehr verlockend aussehen. Aber ich habe solche Angst, dass ich mich beim Essen komisch anstelle und alles noch viel peinlicher wird. Mama und Papa trinken Kaffee und essen gefüllte Waffelrollen, meine Schwester nimmt eine Fanta und ein belegtes Brötchen. Wir sitzen alle an einem Tischchen und ich trinke nur meinen Saft, weil meine Kehle von alldem ganz trocken ist.

„Na dann, herzlichen Glückwunsch", sagt jemand hinter mir, sodass ich mich fast verschlucke.

Natürlich steht Frodo da. Er fängt sofort an, sich meinen Eltern vorzustellen und sagt ihnen, dass ich sehr talentiert sei und wie toll es sei, dass ich gewonnen habe. Und er sagt kein Wort darüber, dass ich irgendwie peinlich wäre oder so. Ich kann sehen, dass sich Mama ziemlich freut, meine Schwester hingegen ist immer noch angefressen. Dann verabschiedet sich Frodo und wir fahren auch nach Hause. Dort fühle ich mich ein bisschen besser, weil ich den Preis bekommen habe und weil Frodo zu mir gekommen ist. Ich stelle die kleine Figur auf mein Regal und betrachte sie den ganzen Abend.

Barbora ist in letzter Zeit wie ausgewechselt. Sie sitzt dauernd oben in ihrem Zimmer und malt immer und immer wieder einen Becher und einen Löffel. Ich habe es mir gestern angesehen, sie hat es ungefähr dreißig Mal versucht, aber viele Bilder sind unfertig. Sie muss sich immer mit Karacho auf die Dinge stürzen. Anstatt es langsam und gleichmäßig anzugehen, kritzelt sie schnell was hin, und so vermasselt sie es ständig. Anstatt dass sie einen Radiergummi nehmen und nochmal drüber gehen würde. Sie nimmt einfach ein neues Blatt Papier

und versucht es noch einmal. Katuška, die ist da sorgsamer. Auch jetzt sitzt sie völlig konzentriert über ihrem Blatt.
„Mädels, kommt mal her und probiert das an", rufe ich aus dem Schlafzimmer. Irena hat mir einen Haufen T-Shirts, Blusen und andere Sachen von ihren Mädels mitgebracht. Sie sind etwas größer, wachsen schnell, die meisten Klamotten sehen fast ungetragen aus. Irenas Mann verdient genug Geld, sie muss sich also keine Gedanken um ihr geringes Gehalt als Bibliothekarin machen. Barbora stürmt natürlich als erste zur Tür herein und eilt zu dem großen Sack, in dem die Kleidung aufgestapelt ist. Sie ist kurz davor, alles auf dem Teppich auszukippen.
„Lass es drin, wir holen eins nach dem anderen heraus", stoppe ich sie. „Und wir warten auf Katuška."
Bára würde wieder das Beste für sich herauspicken und Katuška wäre wie das Stiefkind, das kenne ich schon. Letztes Mal haben sie so Karnevalskostüme bekommen, und Bára hat sich gleich das rosafarbene mit Perlenbesatz geschnappt, und für Katuška blieb nur so ein schlichtes, beigefarbenes, mit V-Ausschnitt und einem einfachen Gürtel übrig.
Bára setzt sich auf das Bett und schaut genervt. Katuška ist noch schnell aufs Klo, also wird sie doch noch ein bisschen warten müssen.
Erst als sie kommt, fange ich an, die Kleidung nach und nach auspacken. Die Mädchen probieren T-Shirts und Sweatshirts an, Katuška passen viele Sachen gerade noch so, Bára ist kleiner, deshalb passt ihr mehr. Als sie sich umzieht, bemerke

ich, dass ihre Brüste bereits ein bisschen wachsen, und ich finde es irgendwie eklig, wie sie posiert und gar nicht weiß, was sie da zeigt.
Sie probiert gerade einen weißen Rundhalspullover an, als Václav hereinkommt.
„Schau mal, Papa, wie schön der ist“, spielt sich Bára direkt vor ihm auf.
Václav wirft ihr einen Blick zu. „Schau an, der steht dir gut!“, lobt er sie. Aber dann fügt er hinzu: „Er könnte noch ein bisschen mehr Brüste vertragen.
“Barča erwidert nichts, aber es ist offensichtlich, dass sie ein wenig irritiert ist.
„Und das Kleid von Katka?“ Ich sehe Václav an. Katuška dreht sich zu ihm.
„Ja, schön“, antwortet er und geht weiter.
Er mag dieses Wühlen in Klamotten überhaupt nicht. Aber er könnte es wenigstens begrüßen, dass wir nicht so viel kaufen müssen. Bára windet sich aus ihrem Pullover und legt ihn zu ihren Sachen.
„Du nimmst den, echt?“, wundert sich Katka.
„Warum nicht?“ Als ob Bára nicht gehört hätte, was Václav zu ihr gesagt hat.
„Naja, Papa hat doch gesagt, du hast keine Brüste“, wiederholt Katka. Baruna sieht mich an.
Ich denke einen Moment lang nach. Aber Václav hat recht. „Ich würde ihn an deiner Stelle auch nicht nehmen. Vielleicht, wenn du älter bist.“

Baruna zögert noch einen Moment, lässt dann aber den Pullover auf den Haufen der Kleider fallen, die sie nicht haben will und stürzt sich auf die anderen Sachen.
Als sie sich neben mir niederbeugt, umhüllt mich eine Schweißwolke. „Du riechst nach Schweiß", sage ich stirnrunzelnd zu ihr, „geh dich sofort waschen."
Bára versucht, an ihren Achselhöhlen zu schnuppern.
„Du riechst deinen eigenen Schweiß nicht, aber die Leute um dich herum schon", schimpfe ich. Erst dann bewegt sie sich endlich ins Bad.

Im Nest schlüpft das letzte Küken. Die Schale ist ziemlich hart. Die Krähe hilft dem Küken. Es mausert, die nackten Flügel sind noch ganz verklebt. Der kleine Körper zittert vor Kälte. Der Himmel glitzert in den Fenstern des Hauses.

Seitdem mir Mama immer wieder sagt, dass ich nach Schweiß rieche, schäme ich mich furchtbar. Ich weiß nicht, was ich dagegen tun soll. Die anderen Mädchen riechen auch nicht nach Schweiß und ich frage mich, wie sie das hinkriegen. Meine Schwester riecht auch nicht.

„Warum schwitzt du nicht und ich schon?", frage ich sie am nächsten Nachmittag, als wir in unserem Zimmer sitzen und lernen.

Meine Schwester sieht mich an, als wäre ich komplett bescheuert. „Weil du eklig bist", antwortet sie schließlich.

Ich frage nicht weiter nach und mache meine Mathehausaufgaben. Aber ich muss immer wieder daran denken. Außerdem habe ich das Gefühl, dass meine Mumu in letzter Zeit so komisch riecht, und es läuft immer so eine Flüssigkeit aus. Ich habe in einer Zeitschrift in der Bibliothek gelesen, dass es eine seltsame Krankheit gibt, bei der die Mumu undicht wird, also mache ich mir Sorgen, ob es nicht das sein könnte. Aber das Schlimmste ist, dass ich das Gefühl habe, alle um mich herum können es riechen. Und dann hat mich die Lehrerin in Musik und Geschichte ausgerechnet neben Lukáš Pálka gesetzt. Ich habe solche Angst, dass er merkt, wie ich stinke, deshalb schlage ich immer meine Beine übereinander und drücke sie ganz fest zusammen, damit nichts durchkommt und versuche, möglichst weit weg von ihm zu sitzen.

Dann kommt mir die Idee, vielleicht ein Parfüm zu besorgen und mich damit einzusprühen. Karolína aus der Schule macht das so, und auch wenn ich den Geruch nicht mag, ist es immer noch besser als zu stinken. Ich bin so begeistert von meinem Einfall, dass ich an nichts anderes mehr denken kann. Mama sprüht sich auch nicht so viel ein, sie bewahrt nur zwei dieser alten Parfüms auf dem obersten Regal ihres Schranks auf. Sie hat sie uns einmal gezeigt, als wir noch klein waren. Damals fand ich den Geruch ziemlich übel, aber ich sage mir, dass es daran lag, dass ich noch ein Kind war. Jetzt würde ich den Duft bestimmt gut finden. Und ich beschließe, es auszuprobieren. Ich bin mir sicher, dass Mama nicht merkt, dass ich es aufgetragen habe, weil man bestimmt nicht sieht, dass Flüssigkeit fehlt, und außerdem hat sie das Parfüm vielleicht schon vergessen.

Zum Glück sind meine Eltern noch nicht zu Hause, also sage ich meiner Schwester, dass ich nach unten ins Wohnzimmer gehe, um fernzusehen, damit sie nicht auf die Idee kommt, nachzusehen, wo ich bin. Im Wohnzimmer schalte ich den Fernseher ein und drehe ihn laut, aber dann schleiche ich mucksmäuschenstill wieder nach oben, auf allen Vieren an der Tür zum Kinderzimmer vorbei, damit meine Schwester mich hinter der Scheibe nicht sehen kann, Richtung Schlafzimmer. Meine Eltern haben dort zwar keine Stühle, aber ich kann hoffentlich den Kleiderschrank erreichen, indem ich aufs Bett klettere. Als ich die Tür zu Mamas Kleiderschrank einen Spalt öffne, knarzt es fürchterlich. Ich weiß nicht, ob es besser ist, sie so langsam wie möglich zu öffnen oder lieber schnell, obwohl das viel lauter knarzt. Ich entscheide mich schließlich fürs schnelle Öffnen. Ich schaue mir die Sachen an, die Mama im obersten Fach hat. Ganz hinten im Eck stehen die Parfüms. Anfangs komme ich nicht ran, aber dann stelle ich einen Fuß ins untere Fach und greife nach dem Parfüm. Das eine ist in diesem viereckigen Glasflakon, der mir gar nicht gefällt, und als ich ihn öffne, riecht es wirklich so wie damals, als ich ein Kind war. Das andere auch.

Und dann ist da noch ein drittes, so ein schönes blaues, mit Vertiefungen, und wenn ich es öffne, riecht es angenehm nach Blumen oder frisch gemähtem Gras. Das muss neu sein. Ich mag diesen Duft sehr. Für eine Weile schnuppere ich daran, aber irgendwann besprühe ich mich damit. Ich pumpe oft, damit ich es lange riechen kann, bevor es wieder verfliegt. Am liebsten würde ich das Fläschchen mitnehmen, aber ich traue mich nicht, denn Mama könnte es merken. Schließlich stelle ich es wieder hinein und schaue mir ein paar andere Dinge an, die Mama da drin hat. Da ist eine kleine graue Schachtel mit einer wunderschönen Halskette mit roten Steinchen. Die hat sie von ihrer Großmutter bekommen. Es ist die schönste Halskette, die ich je gesehen habe, fast wie eine Prinzessinnen-Halskette für den Ball. Aber Mama trägt sie nie. Dann hat sie alle möglichen Strümpfe und BHs, aber die interessieren mich nicht, die finde ich eklig.

Dann kommt mir in den Sinn, dass Papa vielleicht auch etwas Interessantes in seinem Schrank haben könnte, aber ich habe keine Ahnung, weil ich da noch nie hineingeschaut habe. Also sprühe ich mich sicherheitshalber noch einmal mit dem Parfüm ein, schließe vorsichtig Mamas Schrank und schaue in Papas.

Zum Glück ist er einen Spalt offen und knarzt nicht so sehr. Im obersten Regal sind nur Socken und Shorts und dann noch eine Schachtel mit einer Uhr. Aber die gefällt mir überhaupt nicht, also nehme ich sie gar nicht erst heraus. Hinter der Uhr finde ich noch zwei kleine Schachteln, die gefallen mir sehr. Ich mag Schachteln sehr gerne, vor allem, wenn sie ein bisschen glänzen und einen rosa Aufdruck haben. Ich stelle mir immer vor, dass sich darin ein Geheimnis verbirgt. Und es macht mir total Spaß, daraus verschiedene Möbel für mein Puppenhaus zu basteln. Wenn man zum Beispiel drei Streichholzschachteln übereinander klebt und sie mit schönem buntem Papier umwickelt, ergibt das eine Art Schubladenschrank. Ich habe früher immer kleine Möbel für meine Puppen gebastelt und winzige Dinge darin versteckt.

Ich überlege, eine kleine Schachtel mitzunehmen, denn ich bin sicher, dass Papa sie nicht vermissen wird. Manchmal nehme ich mir auch eine Zahnpastaverpackung aus dem Bad mit, und Mama stört es nicht. Schnell öffne ich die Schachtel, darin ist etwas Flaches verpackt. Ich betrachte es eine Weile und überlege dann, ob es ein Kondom sein könnte. Also schaue ich mir die Schachtel genauer an und tatsächlich, es sind Kondome, so steht es drauf. Ich finde es zwar eklig, es ist das erste Mal, dass ich so etwas in der Hand habe, aber die Schachtel ist so schön, dass ich sie schließlich nehme und das Kondom in der silbernen Verpackung dort liegen lasse.

Plötzlich höre ich unten die Tür klappern und ich erschrecke entsetzlich, weil ich alles um mich herum vergessen habe.

Ich springe schnell vom Bett und flitze ins Wohnzimmer, gerade noch rechtzeitig, bevor Mama reinkommt, die von der Arbeit zurück ist.

„Was liegst du hier herum? Na los, komm, die Einkäufe auspacken", schnauzt sie mich an und geht ins Schlafzimmer.

Ich reiße mich zusammen, hole die Tasche aus dem Flur, sortiere die Joghurtbecher in den Kühlschrank und überlege, wie ich Papa von dem Schächtelchen erzählen soll.

Einen Moment später steht er in der Tür. Immer wieder schaue ich ihn verstohlen an und weiß nicht, wie ich ihn darauf ansprechen soll. Ich fühle mich schlecht, denn er ist heute sehr gut gelaunt. Ich bin gerade dabei, die Brötchen in den Brotkasten zu tun, als Mama in der Küche auftaucht, sie hat sich schon umgezogen, sie trägt diese hässlichen schwarz glänzenden Leggings und ein T-Shirt, und sie kommt zur Anrichte, um Papa Kaffee zu machen. Dann wollen sie sich hinsetzen und sich unterhalten. Als sie an mir vorbeigeht, kommt mir, dass siedas Parfüm riechen könnte. Deswegen beeile ich mich lieber und mache mich aus dem Staub.

Das kann doch wohl nicht wahr sein. Diese Baruna, hat sie doch gestern wieder meinen Kleiderschrank durchwühlt. Sie roch, als hätte sie in meinem neuen Parfüm gebadet. Ich wusste sofort, was los war. Ein Blick in mein Regal genügte, um das Durcheinander zu sehen. Den ganzen Tag überlege ich, wie ich reagieren soll. Ich denke, es hat keinen Sinn, jetzt eine Tirade loszulassen. Normalerweise wühlt Baruna nicht ohne Grund in meinen Sachen herum. Das war bestimmt kein Zufall, irgendwas führt sie im Schilde. Früher hat sie so nach Weihnachtsgeschenken gesucht, aber jetzt ist sie zu groß dafür. Da muss etwas anderes dahinterstecken. Und als ich aus dem Schlafzimmer kam, war sie im Nu raus aus der Küche.

Václav ist heute noch nicht von der Arbeit zurück, also hole ich den Wäschekorb raus und fange an zu bügeln. Das mache ich gerne. Ich richte es mir schön her, glätte die Wäsche und genieße, wie sie unter dem heißen Bügeleisen nach Sauberkeit riecht. In einer Stunde bin ich fertig, diesmal war es gar nicht so viel. Die Mädchen müssen ihre Sachen selbst in die Schränke räumen, nur bei Václav kümmere ich mich darum. Aber diesmal, als ich seinen Schrank öffne, um seine Hemden einzuräumen, fällt mir ein achtlos hingeworfenes Kondom auf, ohne Schachtel, nur in Folie verpackt. Im ersten Moment denke ich, er hatte es schon parat, als er es neulich bei mir probiert hat. Aber dann denke ich, was, wenn Irena recht hat und er sich doch mit jemandem trifft. Als ich eine Weile darüber nachdenke, erscheint es mir plötzlich nicht mehr so unwahrscheinlich. In letzter Zeit kommt er immer später von der Arbeit nach Hause, redet kaum mit mir, interessiert sich für nichts, was zu Hause vor sich geht... Ich setze mich aufs Bett und denke darüber nach. Dann kommt mir die Idee, noch einmal genauer in seinen Schrank zu schauen. Vielleicht hat er dort etwas versteckt, das mir eine Bestätigung liefern könnte. Mein Herz klopft mir bis zum Hals, denn wenn er wirklich eine andere hat...

In diesem Moment taucht Václav im Schlafzimmer auf. Ich habe ihn nicht einmal die Treppe hochkommen hören.
„Was hat das zu bedeuten?", fahre ich ihn gleich an und halte ihm wütend das Kondom vor die Nase. Václav sieht es an, als wüsste er nicht, wovon ich rede.
„Du triffst dich also mit jemandem?" Ich schmeiße das Kondom auf den Boden und warte.
Aber er bleibt völlig ungerührt. Er beugt sich runter, hebt das Kondom vom Boden auf und legt es zurück in den Schrank.
„Bin ich es dir nicht einmal wert, dass du antwortest?", dränge ich weiter. Meine Hände zittern. Er sieht mich einen Moment lang an, sodass ich keine Ahnung habe, woran er denkt. Aber dann schüttelt er nur verständnislos den Kopf.
„Wenn ich jemanden hätte, dann wäre die Packung wahrscheinlich leer. Ich weiß nicht, warum du in meinen Sachen wühlst", antwortet er genervt.
Das macht mich umso wütender. „Ich wühle in nichts, es lag offen auf deiner Wäsche herum. Woher sollte es denn kommen?" Und da fällt es mir wie Schuppen von den Augen. Baruna! Baruna muss darin gewühlt haben. Ich sehe wieder Václav an. Er schließt den Schrank und will gehen.
„Du bist echt unausstehlich", bellt er mir entgegen und geht.
Ich antworte ihm nicht. Ich weiß nicht einmal, was ich denken soll. Warum hat Baruna genau das genommen? Das ist doch nicht normal. Wenn ich sie in die Zange nehme, bekomme ich nichts aus ihr heraus. Ich werde sie genau beobachten. Und wenn sie nicht zu Hause ist, werde ich ihre Sachen durch-

wühlen. Erst das Parfüm, jetzt das. Das ist ganz und gar nicht normal.

„Bára", hörte ich in der großen Pause eine Stimme hinter mir. Ich erschrak mich total, denn es war Frodo. Er hatte meine Zeichenmappe dabei.

„Meiner Mama hat es gefallen", lächelte er mich an. „Lass dir doch eines rahmen." Und dann fragte er, ob ich schon etwas Neues hätte. Als er sah, wie ich ihn anstarrte, beruhigte er mich sofort: „Du musst natürlich nicht, ich bin nur neugierig."

„Ich gebe Ihnen die Krähen", fasste ich plötzlich den Entschluss und zog das Bild heraus, das ihm damals in seinem Büro am besten gefallen hatte.

„Das gefällt mir sehr gut, ich werde es mir gleich aufhängen", grinste Frodo mich an, und es war offensichtlich, dass er sich freute. Zum ersten Mal dachte ich, dass Frodo mich wirklich mochte. Denn Mama hatte mein Bild wütend zerrissen, nachdem ich es zu Hause aufgehängt hatte, aber Frodo wollte sich sogar ein Bild von mir rahmen lassen.

Und ich beschloss, es noch einmal mit den Krähen zu versuchen und sie diesmal ganz besonders und wunderschön zu malen, weil ich mir größte Mühe geben würde.

Zu Hause lief ich sofort in die Garage, um nachzusehen, ob Papa Latex hatte. In einem Malbuch aus Mamas Bibliothek hatte ich gesehen, dass man eine Platte mit Latex anmalen, und dann ein Bild hineinkratzen konnte, wenn sie ein wenig getrocknet war. Danach schattierte man es mit verschiedenen

Farben. Ich fand das total schön, wie ein richtiges Malerding. Ich war mir sicher, Frodo hätte das noch besser gefallen als die Bilder mit Pinsel und Farbe. Doch ich musste zusätzlich noch eine kleine Platte finden, mit der ich es ausprobieren konnte, denn das Papier war zu weich dafür. Also durchwühlte ich die Garage, suchte in den Schränken nach etwas Brauchbarem. Papa bewahrt immer einen Haufen Dosen dort auf, aber mit den Beschriftungen konnte ich nichts anfangen. Auf manchen standen nur Zahlen und Buchstaben, zum Beispiel e145, also wollte ich den Deckel öffnen, um nachzusehen, aber das gelang mir nicht.

Ich wusste nicht genau, wie Latex aussieht, nur dass es weiß ist. Papa hatte es manchmal erwähnt und das Wort hatte so schön geklungen. Es musste also irgendwo hier drin sein. Schließlich entdeckte ich eine Dose mit der Aufschrift „Latex“ und als ich sie öffnete, sah die Masse genauso aus wie im Buch. Ich war überglücklich, weil ich genau wusste, was ich damit machen würde. Hinter den Regalen bewahrt Papa verschiedene Bretter auf, also suchte ich mir ein passendes aus. Ich fand ein Stück Hartfaserplatte, wie ich es noch aus dem Kunstunterricht kannte, wir hatten so etwas schon einmal bearbeitet. Die Platte hatte auch ziemlich genau die richtige Größe, sie war nur ein bisschen schief geschnitten. Ich versuchte, sie mit einer Säge zu begradigen, aber es wollte mir nicht recht gelingen, weil sie mir immer wieder wegrutschte. Deshalb beschloss ich, es so zu lassen und das Bild einfach gerade zu malen, das würde schon klappen.

Als ich zurück in mein Zimmer wollte, sah ich durch die spaltbreit offene Tür, dass Mama und Papa am Küchentisch saßen und Kaffee tranken. Ich rannte schnell nach oben, um ihnen nicht zu begegnen und vor allem, damit sie nicht sahen, was ich dabei hatte. Und ich nahm mir vor, erst anzufangen, wenn meine Eltern nicht zu Hause wären. Das konnte nicht mehr lange dauern, denn Mama wollte irgendwo hinfahren.

Ich bin seit heute Morgen allein zu Hause, also nur mit Papa, und das ist eigentlich ganz gut so. Meine Schwester ist mit der Schule beim Skifahren und Mama auf einer dreitägigen Fortbildung. Am besten gefällt mir, dass es Samstag ist, ich nirgendwo hingehen muss und das Zimmer für mich alleine habe. Papa hat mich morgens nicht geweckt, das ist bei Mama anders, da muss gleich immer aufgestanden, Staub gewischt und gesaugt werden.
Das Zimmer ist ganz anders ohne meine Schwester, so schön und gemütlich. Ich setze mich absichtlich auf ihr gemachtes Bett, weil sie mich sonst nie im Leben drauflassen würde. Ich schaue mich im Zimmer um. Von ihrem Bett aus kommt mir alles so anders vor. Und sie hat einen besseren Blick aus dem Fenster. Ich ziehe mich nicht einmal um und stapfe im Pyjama in die Küche. Papa sitzt am Tisch, isst einen Hefezopf und trinkt Tee, er war also schon einkaufen.
„Willst du auch?", fragt er mich. Er schimpft nicht einmal mit mir, weil ich mich nicht sofort angezogen habe.

Als ich ja sage, schneidet er mir eine Scheibe ab und schiebt Butter und ein Glas Marmelade herüber. Eine Zeit lang sitzen wir beide einfach nur da und sagen nichts. Es ist ziemlich seltsam, wir beide so ganz allein. Ich betrachte unauffällig Papas Gesicht. Es scheint ihn nicht besonders zu stören, dass Mama nicht da ist. Sein Bart ist etwas länger, darüber beschwert sich Mama immer. Ein Krümel hat sich darin verfangen und das sieht irgendwie lustig aus. Ich mache ihn aber besser nicht darauf aufmerksam, nicht dass er sauer wird, wenn ich ihn so wie Mama ermahne. Mir fällt ein, da ich jetzt allein hier bin, könnte ich auch gleich ein Mittagessen kochen, das ganz nach meinem Geschmack ist. Papa kennt sich in der Küche nicht wirklich aus und es stört ihn nicht, ob es chaotisch aussieht, solange ich nach dem Kochen wieder alles aufräume.

Ich denke eine Weile darüber nach, worauf ich Lust habe.

„Kann ich vielleicht Schinkennudeln machen?", frage ich Papa schließlich.

„Weißt du, wie man die macht?" Er blickt mich fragend an. Als ich nicke, sagt er, ich könnte die Schinkenwurst aus dem Kühlschrank nehmen. Dann geht er aus der Küche und sagt, er müsse noch ein paar Besorgungen machen, wäre aber zum Mittagessen zurück.

Ich flitze nach oben, um mich umzuziehen, ziehe aber nur meine Hauskleidung an, ein Sweatshirt und Leggins, und binde mir noch eine Kochschürze um. Erstens, weil ich weiß, dass man das machen soll und zweitens, weil ich meine schönen rosafarbenen Leggings nicht schmutzig machen möchte. Die möchte ich tragen, so lange es geht. Ich gieße Wasser in den Topf und bringe es zum Kochen. Ich lege einen Deckel drauf und schneide die Wurst in Würfel, genau wie Mama es macht. Ich überlege kurz, ob ich Zwiebeln dazugeben soll, entscheide mich aber dagegen. Ich habe keine Lust, sie zu schälen und ehrlich gesagt mag ich Schinkennudeln sowieso viel lieber ohne. So macht Oma sie immer. Mama gibt trotzdem Zwiebeln dazu, obwohl sie genau weiß, dass ich das nicht mag. Ihrer Meinung nach gehören sie einfach rein.

Ich schneide die Wurst, schaffe es aber nicht, ganz kleine Würfel hinzubekommen. Egal!

Als ich bemerke, dass das Wasser kocht, kippe ich die Hörnchennudeln hinein und setze den Deckel wieder auf den Topf. Das hätte ich besser gelassen – sofort quillt Schaum über den Rand und der Herd schaltet sich aus. Ich nehme den Deckel also vom Topf, schalte den Herd erneut an, setze den Deckel wieder drauf, warte zehn Minuten und gieße dann das Wasser ab. Ein paar Nudeln gleiten in die Spüle, während ich vorsichtig versuche, mich nicht zu verbrühen. Ich lege sie zurück in den Topf. Das Schlimmste ist überstanden.

Dann mische ich die Nudeln mit der Wurst und den Eiern und schiebe das Ganze in den Ofen. Ich schaue immer wieder nach, ob es schon fertig ist. Als sie dann endlich diese schönen goldenen Ränder haben wie bei Mama, weiß ich, dass ich ausschalten muss. Ich öffne den Ofen und warte ein bisschen, bis er abgekühlt ist. Beim Probieren merke ich, dass ich das Salz vergessen habe und so muss ich nachsalzen. Ich stelle zwei

Teller auf den Tisch, und auch ein Bier für Papa, denn er trinkt samstags manchmal eins zu Mittag. Ich nehme auch ein Glas Essiggurken heraus und lege eine extra Gabel dazu, denn man soll nicht mit den Fingern ins Glas greifen. Dann warte ich auf Papa. Weil er aber immer noch nicht kommt, lege ich mich hin und schaue fern.

Er kommt erst um halb eins, doch als er sieht, wie alles vorbereitet ist, lobt er mich sogar.

Als wir uns zum Essen hinsetzen, sieht Papa ganz zufrieden aus und sagt, es würde lecker schmecken. Ich bin so glücklich, auch wenn immer noch Salz fehlt, doch nachdem wir nochmal nachgesalzen haben, schmeckt es fast wie bei Oma. Danach spüle ich ab und Papa lobt mich wieder und meint, weil Mama nicht zu Hause sei, würde es reichen, wenn ich nur noch schnell das Wohnzimmer abstaube. Das mache ich auch direkt. Währenddessen denke ich, dass Papa jetzt sehen kann, wie brav ich bin und dass der Streit mit Mama vielleicht nicht nur meine Schuld war, sondern auch ihre.

Als ich fertig bin, kann ich endlich machen, was ich will. Also hole ich in meinem Zimmer die Dose mit Latex heraus und bemale die Hartfaserplatte, das macht mir so viel Spaß! Ich kann kaum abwarten, bis es getrocknet ist, um mein Bild hineinzukratzen. Da die Schicht sehr dick geworden ist, wird es wahrscheinlich bis morgen dauern. Aber das stört mich nicht, Mama und meine Schwester werden noch nicht wieder da sein und niemand wird mich anschreien.

Dann kommt mir die Idee, dass ich auch meine Schachteln mit dem Latex bemalen und daraus neue Minimöbel bauen könnte, die würden dann wunderschön glänzen. Also breite ich ein paar Zeitungen auf dem Tisch aus und reihe die Schachteln auf, die ich in meiner Schublade gesammelt habe. Zuerst klebe ich sie auf verschiedene Arten zusammen, so dass sie wie kleine Betten, Schränke oder Tische aussehen.

„Was machst du denn da?" Die Tür geht plötzlich auf und Papa steht da.

Ich habe Angst, dass er mich ausschimpft, aber er sieht nicht wütend aus. „Möbel für die Barbies", antworte ich, und dann fällt mir ein, dass Papa das Schächtelchen wiedererkennen könnte, das ich ihm weggenommen habe. Zum Glück ist es das unterste, so dass er es nicht sehen kann, wenn ich meinen Ellbogen davor lege. Papa nickt nur und geht wieder runter. Ich bin richtig erleichtert. Ich nehme das kleine Möbelstück und verstecke es in einer Schublade, nur für den Fall. Ich muss sowieso warten, bis der Kleber richtig trocken ist.

Eine Zeit lang male ich ein Stillleben mit Äpfeln, so eins hängt im Flur meiner Schule an der Wand.

Eine Neuntklässlerin hat es gemalt und es hat mir total gut gefallen. Meins sieht ganz anders aus als ihres, aber wenn ich es als Ganzes betrachte, wirkt es sogar noch ein bisschen schöner. Einerseits nervt es mich, dass es nicht so geworden ist wie ihres, aber andererseits bin ich froh, dass es mir auch so gelungen ist. Danach ist der Kleber getrocknet, so dass ich anfangen könnte, die Möbel mit dem Latex zu bestreichen, aber dazu habe ich keine Lust mehr, weil ich schon den ganzen Nachmittag daran sitze und es langsam langweilig wird.

Abends sehen Papa und ich fern. Er hat mir erlaubt, einen Film für Erwachsene mit anzusehen, der ist schrecklich gruselig, aber Papa gefällt er, also halte ich durch, denn ich bin froh, dass wir zusammen gucken. Es ist ein Kriegsfilm, in dem ein Soldat einen anderen Soldaten trägt, weil dieser ein verwundetes Bein hat. Es wird geschossen, Granaten fliegen überall herum. Und plötzlich dreht sich der verletzte Soldat um, und von seinem Kameraden, der ihn gerettet hat, ist nur noch die Hälfte übrig. Ich bin so sehr mit dem beschäftigt, was ich im Fernsehen sehe, dass ich nichts um mich herum mitbekomme. Plötzlich streichelt Papa mir übers Haar und sagt, ich wäre seine Prinzessin. Ich zucke ein bisschen zusammen, weil ich es nicht gewohnt bin, dass er mich streichelt, und es ist auch ein bisschen komisch, weil er mich mit derselben Hand geschlagen hat. Ich bewege mich ein bisschen weg. Aber Papa hört nicht auf, mich zu streicheln. Er hat einen langen Arm, so dass er fast bis zu meinem Hintern kommt und ich nicht mehr weg kann.
„Jetzt bist du schon eine Frau", wiederholt er immer wieder und sieht mich dabei so komisch an.
Ich würde mich gerne woanders hinsetzen, zum Beispiel in den Sessel, aber ich habe Angst, dass Papa wieder böse auf mich wird, und das möchte ich nicht riskieren, denn ich bin froh, dass er jetzt so lieb zu mir ist. Und dass er sich mit mir unterhält.
Und dann, obwohl der Film noch nicht zu Ende ist, sage ich

schließlich, dass ich müde bin, und gehe ins Bett. Papa wünscht mir gute Nacht und sieht im Wohnzimmer weiter fern.
In meinem Zimmer schaue ich noch eine Weile aus dem Fenster und beobachte die Krähen. Auch wenn ich nicht viel sehen kann, stelle ich mir vor, wie sie sich in ihrem Nest zusammenkauern, um sich vor der Kälte zu schützen. Und ich denke mir, dass Papa mich auch gernhat, wie die Krähen, und dass er sich deshalb so an mich gedrückt hat. Weil wir uns lieben. Und ich frage mich, ob die Krähen es auch komisch finden, wenn sie sich berühren, oder ob es ihnen nichts ausmacht, sich aneinander zu drücken.

Heute haben wir in der Schule einen Aufsatz geschrieben. Es sollte eine Geschichte über unsere Familie sein, darüber, was wir gemeinsam erlebt haben oder so. In Tschechisch haben wir unsere Klassenlehrerin, die ich ganz gerne mag. Auch weil sie so nett ist und uns nicht allzu oft anschreit. Außer die Jungs, aber mich kein einziges Mal.
Zuerst wollte ich etwas Lustiges schreiben, aber mir ist überhaupt nichts eingefallen. Auch, weil ich immer das Gefühl habe, dass es bei uns zu Hause irgendwie komisch zugeht, warum, weiß ich auch nicht so recht. Vielleicht liegt es daran, dass ich jetzt gerade mit Papa alleine bin, weil Mama auf Fortbildung ist und meine Schwester im Skilager. Irgendwann fällt mir ein, dass es wie ein Abenteuer ist, ohne Mama zu Hause zu sein, weil ich kochen muss und Mama quasi ersetze. Und darin bin ich ziemlich gut. Einmal habe ich sogar die Wasch-

maschine angemacht und es hat tatsächlich funktioniert, obwohl ich keine Ahnung hatte, wie das geht und Sorge hatte, etwas kaputtzumachen.

Und so fange ich einfach an und schreibe, was ich alles gemacht habe, zum Beispiel einen Kuchen gebacken, weil Mama das sonntags immer macht. Und ich füge hinzu, dass es mit Papa viel besser ist, wenn Mama nicht da ist, weil er mich fast alles machen lässt und ich viel braver bin, so dass ich nicht mal Prügel bekommen muss. Dass ich Prügel nicht mag und mich dafür schäme, weil ich schon ein großes Mädchen bin und es mir peinlich ist. Ich bin so ins Schreiben vertieft, dass es mir ganz leicht von der Hand geht und ich führe aus, dass Papa ganz lieb zu mir ist und mich überhaupt nicht verhaut. Und dass, wenn meine Schwester nicht versuchen würde, sich wie Mama zu benehmen, sondern mehr wie sie selbst, wir sicher richtige Freundinnen sein könnten. Und vielleicht würde sie sich meine Bilder genauer ansehen, die sie sonst nur Gekleckse nennt.

Eigentlich will ich noch darüber schreiben, wie Papa und ich ferngesehen haben und er mich gestreichelt hat, aber dazu komme ich nicht mehr, weil es läutet. Die anderen fangen sofort an, die Hefte einzusammeln, nur ich bin nicht fertig und deshalb werde ich eine schlechtere Note bekommen. Außerdem konnte ich mir den Aufsatz nicht noch einmal durchlesen, wahrscheinlich werden viele Fehler drin sein. Das macht mich wütend, weil ich mir jetzt sicher bin, dass ich eine schlechte Note kriege, und Mama wird sich zu Hause wieder darüber auslassen, obwohl meine Noten sonst echt gut sind.

Flaum wirbelt im Nest herum. Den Vogeljungen ist jetzt wärmer. Da steht ein Mädchen unter einem Baum. Sie weiß nichts von den Küken. Sie richtet ihr Gesicht in die Sonne. Sie beobachtet die Krähe beim Fliegen. Ihre dunklen Flügel schimmern metallisch.

Als ich am Montagabend nach Hause kam, erwartete mich dort ein heilloses Durcheinander. Baruna war gerade dabei, Schnitzel zu panieren, die ganze Küchenzeile war vollgesudelt, und Václav saß da, als ob ihn das nichts angeht. Und als ich das Kinderzimmer betrat, hätte mich fast der Schlag getroffen. Alle Sachen waren vom Tisch geräumt, dafür lagen überall geöffnete Farbtuben herum. Der Tisch war völlig verschmutzt, dabei habe ich Baruna schon unzählige Male gesagt, dass sich das nicht abwischen lässt. Als ich das sah, brachte ich kein einziges Wort heraus. Ich schloss mich in meinem Zimmer ein und weinte. Baruna hat kapiert, dass es Ärger geben wird, kam mit ihren schmutzigen Händen ins Zimmer und erklärte mir, dass sie es sauber machen würde.

„Da bin ich aber neugierig. Bei dir wird es nie richtig sauber", erwiderte ich und weinte weiter. Ich habe das Gefühl, dass in meinem Leben nichts mehr funktioniert. Ich springe um die Kinder herum und möchte alles schön und ordentlich halten, wie bei den anderen, aber bei uns funktioniert es einfach nicht. Ich liege auf dem Bett, so wie ich angekommen bin, und sammle meine Kräfte, um in die Küche zu gehen. Doch bevor ich aufstehen kann, geht die Tür ein zweites Mal auf und Václav setzt sich zu mir aufs Bett.

„Sei ihr doch nicht böse, sie wollte dir mit den Schnitzeln eine Freude machen", versucht er, mich zu beruhigen. Aber das macht mich nur noch wütender. „Und mit dem Chaos im Zimmer auch?", schnauze ich ihn an.

Václav schweigt. Offenbar hat er das ganze Wochenende nicht einmal hineingeschaut.

„Arme Katuška, wenn sie vom Skifahren zurückkommt, wird sie eine schöne Überraschung erleben."

„Irgendetwas stört dich immer an ihr", zuckt Václav mit den Schultern. „Am Samstag hat sie gekocht und danach aufgeräumt."

„Mich? Mich stört immer etwas?" Ich bin verzweifelt. Die ganze Zeit bemühe ich mich, und jetzt wendet sich alles gegen mich. „Das habe ich jetzt davon. All die Jahre, in denen ich nachts aufgestanden bin, um nach ihr zu sehen, die Jahre, in denen ich mit ihr die Ärzte abgeklappert hab. Und mich stört immer etwas an ihr. Und wie es mir dabei geht, daran denkst du nicht einmal."

Václav versucht, meine Hand zu streicheln, drückt fast meine Handfläche, um mich zu bremsen.

„So schlimm ist es doch nicht."

Er kapiert einfach überhaupt nichts. Für ihn ist alles in Ordnung. Ich würde ihn am liebsten schütteln, damit er es endlich versteht. „Es ist nicht so schlimm? Nein? Dann sieh dir diese Müllkippe im Zimmer an!", schreie ich und fuchtle wütend mit der Hand ins Leere. Tränen schießen mir in die Augen. Václav steht wütend vom Bett auf: „Um Himmels willen, musst du immer so schreien? Wegen jedem Scheißdreck?"

„Was wirst du denn jetzt tun? Sag mir, was wirst du jetzt tun?" Ich starre Václav wütend an.

„Reicht es dir nicht, dass sie Prügel kassiert wie ein Hund?“, schnauzt mich Václav an. Er schaut mich ganz böse an, so kenne ich ihn kaum.

“Offensichtlich ist es nicht genug, wenn sie keinen Finger rührt“, entgegne ich verzweifelt. „Dann muss ich erst kommen und eine Szene machen, damit wenigstens etwas im Haus aufgeräumt wird.“

„Nicht genug? Dann kriegt sie jetzt noch was drauf, wenn du dich dann besser fühlst.“ Václav stürmt aus dem Schlafzimmer und knallt die Tür so fest zu, dass ich mich wundere, dass das Glas nicht bricht.

Ich folge ihm die Treppe hinunter, weil er wirklich wütend ist und ich nicht will, dass er Baruna noch einmal so verprügelt. Irgendwo in mir drin weiß ich, dass ich heute ein bisschen zu weit gegangen bin. Aber Václav ist völlig außer Kontrolle. Ich packe ihn hinten am Pullover, aber er reißt sich los und geht in die Küche. Er rüttelt an der Klinke, aber die Tür ist verschlossen. Es ist klar, dass Baruna uns gehört hat.

„Mach auf“, schreit er.

Aber sie sitzt hinter der Tür und sagt nichts.

Václav rüttelt noch ein paar Mal an der Klinke, aber als er merkt, dass Baruna sich nicht rührt, steht er auf und geht.

Als ich heute zur Schule kam, wurde ich an der Tür von meiner Klassenlehrerin aufgehalten. Ich konnte sehen, dass sie auf mich wartete und dass etwas passiert sein musste. Als sie sah, dass ich nicht verstand, was los war, winkte sie mir zu, damit ich ihr ins Lehrerzimmer folgte. Dort saß bereits die Geolehrerin, und es war klar, dass sie sich abgesprochen hatten. Sie sagten mir, ich solle mich hinsetzen, sie müssten mir ein paar Fragen stellen. Und dann holte die Geolehrerin so ein Heft heraus. Anfangs habe ich nicht verstanden, worum es ging, aber dann wurde mir klar, dass es mein Aufsatz war. Ich überlegte schnell, ob die Geolehrerin nicht vielleicht auch in den anderen Klassen Tschechisch unterrichtet, und dachte, dass meine Lehrerin sich vielleicht nochmal mit jemanden anderen absprechen will, bevor sie mir einen Fünfer reinknallt.

Aber meine Klassenlehrerin fragte stattdessen: „Baru, hast du dir die Geschichte, die du in deinem Aufsatz geschrieben hast, nur ausgedacht, oder ist sie wahr?"

Ich schaute von einer Lehrerin zur anderen und hatte keinen blassen Schimmer, warum sie das fragten. Erst vermutete ich, dass die Geschichte ihnen nicht gefallen hatte, doch wenn sie sie für erfunden hielten, würden sie mir einen Fünfer geben, da es ja ein echtes Abenteuer sein sollte. Und so bestätigte ich, dass sie wahr sei und dass Mama erst gestern nach Hause gekommen wäre.

„Das meine ich nicht", schüttelt die Geolehrerin den Kopf und plötzlich finde ich sie richtig abstoßend, mit ihrer großen Nase, den orangenen Haaren und ihrem ekelhaft stinkenden Parfüm. „Wir meinen, dass dein Papa dich manchmal schlägt", fügt meine Klassenlehrerin sofort hinzu, sieht mich an und wartet auf meine Antwort. Wenigstens ist sie so freundlich, im Gegensatz zur Geolehrerin. Als wir sie dieses Jahr als Klassenlehrerin bekommen haben, hat sie mich an eine Märchenmama erinnert, so wie die Mama von Rotkäppchen, in diesem Bilderbuch.

„Das ist eine ernste Sache, Mädchen", sagt die Geo-Tante wieder, und ich habe fast das Gefühl, dass sie mich mit ihrer Vogelnase picken will.

Plötzlich will ich weinen, weil ich nicht verstehe, warum ich überhaupt hier sein muss und warum die beiden Lehrerinnen mich so ausfragen.

Die Klassenlehrerin muss es erkannt haben und fängt sofort an, mich zu trösten, sie ist ganz lieb und streichelt meine Schulter.

„Ist schon gut, Baru, dafür sind wir ja da, ich und die Frau Vertrauenslehrerin hier, um Kindern zu helfen, wenn sie etwas bedrückt."

Ich versuche mit aller Kraft, das Weinen zu unterdrücken. Aber wenigstens weiß ich endlich, warum die Geo-Tante hier ist. Dass sie so etwas wie eine Vertrauenslehrerin ist.

„Wenn das mit dem Schlagen wahr ist, musst du es uns sagen", fügt die Geo-Tante gleich hinzu, und sie klopft wütend mit ihrem Bleistift auf mein Heft, es ist wie das Picken eines Schnabels, bis es so hässliche Punkte gibt, dass es fast so aussieht, als würde sie es zerhacken.

„Bára, ist es wahr?" Die Klassenlehrerin geht in die Hocke und schaut mich an. Ich nicke ein wenig. Auch wenn Papa mich gestern nicht verprügelt hat. Aber nur, weil ich hörte, wie er und Mama sich stritten, und dann war klar, dass Papa mir den Hintern versohlen würde, also schloss ich mich schnell in der

Küche ein und hielt die Tür noch fester zu, damit er nicht an mich herankam.

„Wir glauben dir also“, nickt die Geolehrerin und sieht mich streng an. „Aber weißt du, was jetzt passieren wird?!“

Ich sehe sie an, sage aber nichts, denn ich habe keine Ahnung, was passieren könnte. Ich kann auch sehen, dass sie mir nicht glaubt.

Als klar ist, dass ich ihr nicht antworte, fährt sie fort: „Jetzt müssen wir das Jugendamt einschalten, und die werden sich dann bei dir zu Hause darum kümmern. Und es ist auch möglich, dass sie dich für eine Weile in ein Kinderheim stecken, um zu sehen, ob du uns anlügst. Dir ist klar, dass du deinem Papa sehr schadest, wenn du dir das ausgedacht hast?“

Da kommen mir schon die Tränen. Plötzlich stelle ich mir vor, dass Papa wegen mir ins Gefängnis kommt, oder dass ich nicht mehr zu Hause wohnen kann, sondern irgendwo weit weg bei völlig fremden Menschen ohne Mama und Papa. Und das will ich um keinen Preis, lieber will ich die Prügel ertragen, sage ich mir in Gedanken.

„Ich hab's abgeschrieben“, platze ich plötzlich heraus und schluchze, „... aus einem Buch... das ich mir von Mama geliehen habe... aus der Bibliothek...“

Ich kann nicht aufhören zu weinen, denn das hier ist das Schlimmste, was mir je in der Schule passiert ist. Meine Klassenlehrerin reicht mir ein Taschentuch und sagt mir, ich solle nicht weinen und mir die Nase putzen, es wäre doch nicht so schlimm. Ich sehe, wie sie und die Geolehrerin sich zunicken.

„Siehst du, das habe ich mir schon gedacht", nickt mir die Geolehrerin nun zu und lächelt. „Mach dir keinen Kopf. Pass nur besser auf, was du das nächste Mal schreibst, das könnte auch böse enden", fügt sie hinzu.

Dann geben sie mir einen Schluck Wasser, damit ich mich beruhige, und die Klassenlehrerin sagt, sie würde mich zum Unterricht bringen. Ich verfluche mich für das, was ich getan hab. Und ich schwöre, dass ich nie wieder ein Sterbenswörtchen zu jemanden sagen werde. Nie wieder. Nicht einmal ein kleines bisschen. Jetzt weiß ich, was passieren könnte. Und das ist viel schlimmer als die Prügel. Die kann ich aushalten, auch wenn es zweimal die Woche wäre. Als ich mit der Lehrerin das Lehrerzimmer verlasse, stoßen wir in der Tür mit Frodo zusammen. Er starrt uns beide an und fragt sich bestimmt, was da los war. Ich will auf der Stelle vor Scham im Boden versinken und bin fast nicht in der Lage, ihn zu grüßen.

Ich habe keine Ahnung, wie ich in die Klasse gekommen bin. Selbst dort will ich die ganze Zeit weinen. Im Lehrerzimmer habe ich geweint, weil ich mich unter Druck gesetzt fühlte. Aber jetzt weine ich wegen Frodo, weil er sicher denkt, ich wäre eine Heulsuse, weil ich im Lehrerzimmer geflennt habe. Ich hasse mich. Hätte ich so etwas nicht in meinen Aufsatz hineingeschrieben, wäre ich den Lehrerinnen nicht aufgefallen. Außerdem hält Frodo mich jetzt sicher für widerlich. Katka sagt das immer, wenn ich so rumheule.

Auch heute Nachmittag schaffe ich es nicht, mich zu beruhigen. Ich kann mich überhaupt nicht dagegen wehren, kann an nichts anderes mehr denken. Schließlich hole ich die trockenen Pastellkreiden aus meiner Schreibtischschublade und nehme mir vor, ganz kleine Landschaftsbilder zu malen, weil ich das gern mache. Und auch, weil sie mir meistens ziemlich gut gelingen. Ich brauche oft nur ein paar Striche, und schon sieht es schön aus, fast wie eine echte Landschaft. Aber jetzt wäre es mir sowieso zu peinlich, mit meinen Bildern zu Frodo zu gehen.

Ich höre, wie meine Eltern von der Arbeit heimkommen, aber sie reden nicht miteinander, das merke ich sofort. Deshalb lasse ich mich gar nicht blicken. Ich male schon eine ganze Weile kleine Landschaften, schön nebeneinander auf einem großen Blatt Papier, und es klappt richtig gut. Darüber bin ich froh und für einen Moment vergesse ich den ganzen Rest.

Dann will ich die einzelnen Bilder ausschneiden. Ich will keine Linien zwischen die Bilder zeichnen, also beschließe ich, einfach freihändig zu schneiden. Aber das funktioniert überhaupt nicht. Ich schneide alles krumm und schief, und am Ende sehe ich, dass ich es total falsch gemacht habe. Es lässt sich nicht mehr retten. Da werde ich richtig wütend, schiebe alle Papiere und Schnipsel zurück in die Schublade und sage mir, dass ich das irgendwann aufräume. Wenn ich besser drauf bin.

Seit dem Dienstag mit der Klassenlehrerin und der Geo-Tante im Lehrerzimmer gehe ich Frodo lieber aus dem Weg. Zum

Glück haben wir in Englisch in der ersten Stunde eine Schulaufgabe geschrieben und in der zweiten im Kunstunterricht einen Film angesehen.
Am Ende der Stunde packte ich schnell meine Sachen zusammen, um als Erste aus dem Klassenzimmer zu sein, doch Frodo rief mir noch hinterher: „Warte, Bára, ich gebe dir die korrigierten Hefte, die kannst du mit in die Klasse nehmen."
Ich konnte sehen, wie die Mädchen mich neidisch ansahen, ich glaubte sogar, Karolína hätte Martina etwas zugeflüstert, aber das war mir egal. Es hatte ohnehin geläutet und alle stürmten aus dem Kunstraum. Ich stand vor meiner Bank herum und wartete auf Frodo, der sich die Zeichnungen ansah, die unter dem Fenster gestapelt waren. Ich kam mir total blöd vor, fast hatte ich das Gefühl, dass ich vor seinen Augen keinen Schritt geradeaus laufen konnte. Aber er sah völlig entspannt aus.
Er hielt ein Bild hoch, und ich wusste sofort, dass es das von Linda aus unserer Klasse war. „Gefällt dir das?"
Ich betrachtete es einen Moment lang. Irgendwie gefiel es mir tatsächlich. Linda hatte noch in der fünften Klasse die Jugendkunstschule besucht, aber dann hatte es ihr dort nicht mehr gefallen und war nicht mehr hingegangen. „Mir gefällt es", nickte ich, und Frodo lächelte.
Als die Tür hinter den letzten Kindern zuging, hockte er sich plötzlich neben mich und sah furchtbar ernst aus. „Baru, ist bei euch zu Hause wirklich nichts los?"
Ich konnte ihm nicht in die Augen sehen. Und auf einmal war mir wieder nach Weinen zumute. Ich musste meine Lippen mit

aller Kraft zusammenpressen, um es zu unterdrücken. Trotzdem zitterte mein Mund fürchterlich. Ich wollte etwas zu ihm sagen, aber ich konnte nicht, weil ich so sehr versuchte, nicht zu weinen. Und ich wusste nicht wirklich, was ich sagen sollte. Denn Mama betont immer wieder, dass sie mich liebhätten und Papa es nicht so meinen würde, wenn ich Prügel bekäme. Und es stimmt ja auch, dass ich nie Lust habe, aufzuräumen und dass ich oft widerspreche. Außerdem ging mir immer wieder durch den Kopf, was die Geo-Tante und meine Lehrerin zu mir gesagt hatten. Dass sie es dem Jugendamt melden würden und dass es meinen Eltern sehr schaden würde.

„Baru, du kannst es mir sagen. Stimmt etwas nicht bei euch?", wiederholte Frodo.

Schnell wischte ich mir mit der Hand über die Augen, weil ich die Tränen nicht unterdrücken konnte. Ich schüttelte den Kopf. Nein, da war nichts! Ich wollte, dass er mich in Ruhe ließ.

Frodo schwieg noch einen Moment lang, dann stand er auf und drückte mir den Stapel mit den Schulaufgaben in die Hand: „Hier, nimm das mit in den Unterricht. Du hast eine Eins.

"Dann beugte er sich wieder zu mir: „Aber versprich mir, dass du es mir sagst, wenn was los ist, okay?"

Ich nickte nur, sah ihm aber nicht in die Augen.

Katka ist heute ganz gut drauf. Ich habe fast das Gefühl, dass wir wieder Freundinnen sind. Das sind wir manchmal, aber in letzter Zeit eher nicht mehr. Doch als sie heute von der Schule nach Hause kam, sang sie vor sich hin und lächelte. Und dann schlug sie vor, mit mir Ball zu spielen, was mir immer Spaß macht, auch wenn es nur was für kleine Kinder ist. Wir setzen uns gegenüber, jeder an einer Wand, und werfen einen Schaumstoffball hin und her und reden über alles Mögliche. Und manchmal versuchen wir, uns gegenseitig mit dem Ball hart zu treffen, obwohl wir das nie schaffen, denn mit so einen Ball kann es nicht wirklich wehtun, und es kann auch nichts kaputt gehen. Ich würde gerne öfter spielen, aber meine Schwester hat meistens keine Lust dazu. Aber heute wollte sie, also haben wir Ball gespielt und dabei geredet. Vor allem über die Němcovka, das ist die Geschichtslehrerin meiner Schwester. Sie meinte, das wäre vielleicht eine dumme Kuh, dauernd würden sie Tests schreiben, fast in jeder Stunde, und sie würde immer wieder Stoff abfragen, den sie noch gar nicht durchgenommen hatten oder vor so langer Zeit, dass sich keiner mehr erinnern könnte. Aber obwohl meine Schwester auf sie schimpft, bekommt sie in Geschichte immer eine Eins im Zeugnis.

„Meinst du, wir kriegen die auch?“, fragte ich, denn die Němcovka wollte ich auf gar keinen Fall bekommen.

Meine Schwester versuchte eine Weile, alle unsere Geschichtslehrer aufzuzählen, die unsere Klasse übernehmen könnten. „Wir würden auch einen Kunstlehrer statt der Němcovka nehmen“, kicherte sie.

Es war klar, dass sie Frodo meinte. Ich sagte lieber nichts. Ich musste ohnehin schon ständig daran denken, was er im Kunstunterricht gesagt hatte.

Aber meine Schwester musste irgendetwas an mir bemerkt haben, denn sie fuhr fort, als ob sie mir eins reindrücken wollte: „Ich glaube, er mag mich immer noch lieber als die anderen."

Plötzlich fühlte sich mein Magen ganz komisch an. Denn ich dachte das gleiche über mich.

„Warum sollte er dich lieber mögen?", gab ich mich ahnungslos und warf den Ball noch eine Spur schärfer.

„Das würdest du gerne wissen." Meine Schwester machte ein undurchschaubares Gesicht.

Und sie schleuderte den Ball nach mir, sodass er gegen das Bücherregal flog.

Ich wusste, dass sie mehr dazu sagen würde, denn sie wollte unbedingt damit angeben.

Und das tat sie auch. Als sie merkte, dass ich nicht nachbohrte, fing sie von selbst an: „Er hat mich heute auf dem Flur angesprochen."

Wieder ging eine seltsame Welle durch meinen Magen. „Was hat er zu dir gesagt?" Ich versuchte, immer noch so zu tun, als wäre nichts.

„Also... er hat gefragt, wie es mir geht. Und den Eltern."

„Und was hast du gesagt?" Ich hatte Riesenangst, dass Frodo ausgeplaudert hatte, wie er mich mit den Lehrerinnen im Lehrerzimmer gesehen hatte.

„Was wohl? Dass wir tolle Eltern haben."

„Ach so", nickte ich.

„Ja, und er hat nach dir gefragt", fuhr meine Schwester fort, wahrscheinlich weil sie sah, dass ich ganz verwirrt war.

„Und was ist mit mir?", platzte ich heraus.

„Was du mit den Eltern hast und so."

Mir wurde ganz heiß. „Und was hast du zu ihm gesagt?"

„Dass du immer eine große Sauerei veranstaltest", sagte meine Schwester mit wichtigtuerischer Miene.

In meinem Kopf drehte sich alles. Frodo wusste also jetzt, wie ich war!

„Er wollte auch wissen, was unsere Eltern dazu sagen", fuhr meine Schwester fort. „Ich habe gesagt, dass sie immer mit dir diskutieren würden, dir das aber egal ist. Oh, und er wollte auch, dass ich ihm meine Bilder vorbeibringe." Sie zeigte auf den Stapel Zeichnungen auf ihrem Schreibtisch. Deshalb lagen sie also dort ausgebreitet, als ich von der Schule nach Hause gekommen war.

Plötzlich tat mir das alles furchtbar leid. Denn jetzt stand fest, dass Frodo wusste, dass meine Schwester die Bessere von uns beiden war und ich ihm nun egal sein würde. Ich stand auf und behauptete, aufs Klo zu müssen, nur um aus dem Zimmer zu kommen. Ich schloss die Tür hinter mir ab und fing an, fürchterlich zu weinen. Frodo hielt mich jetzt bestimmt für total blöd. Und er mochte meine Schwester lieber als mich. Das war nun klar. Mit ihr hatte er ernsthaft gesprochen und wollte auch ihre Bilder sehen. Ich bin sicher, sie würden ihm besser gefallen als meine, auch wenn sie bisher keinen Preis bekommen hatte. Sie kritzelt nicht so durcheinander wie ich. Sie malt alles genau aus, ganz sorgfältig, das sagt Mama auch immer.

Ich saß lange auf dem Kloboden und konnte nicht aufhören, zu weinen. Mein Hintern war schon ganz kalt.
Dann kam Mama, und als sie die verschlossene Toilettentür bemerkte, war ihr klar, dass ich darin war: „Baruna, komm raus, ich weiß, dass du da seit Ewigkeiten sitzt."
Am liebsten hätte ich die Türe nicht geöffnet, aber dann hätte Mama an der Klinke gerüttelt und losgeschrien. Ich wischte mir über die Augen und kam raus, bemüht, so schnell wie möglich an ihr vorbeizulaufen, damit sie meine verheulten Augen nicht sah.

Das Küken im Nest schlägt ein paar Mal mit den Flügeln. Es wird immer kräftiger. Trotzdem wird es heute nicht fliegen. Es braucht noch Nahrung. Die Wangen des Mädchens auf dem weißen Kissen glühen wie Feuer. Die Frau von unten steht neben ihr.

Ich sitze seit fast einer halben Stunde mit Barča im Wartezimmer, und die Krankenschwester ist noch nicht einmal herausgekommen. An der Tür hängt ein Schild, auf dem steht, dass man nicht klopfen soll, aber ich halte es nicht mehr aus und wage es doch. Im Arztzimmer ist es völlig still. Mir kommt der Gedanke, dass ich stärker hätte klopfen sollen, dass der Arzt und die Schwester es vielleicht gar nicht gehört haben. Ich warte noch einen Moment, aber als immer noch kein Ton an der Tür zu hören ist, klopfe ich ganz fest.

„Einen Moment noch", brummt die Schwester hinter der Tür. Sie ist schon wieder so unfreundlich, als würde man sie weiß Gott wie belästigen. Das geht mir auf die Nerven. Außerdem habe ich wegen des Kindes Probleme auf der Arbeit. Als ich heute Morgen die Direktorin angerufen habe, um ihr zu sagen, dass ich mir freinehmen müsse, konnte ich an ihrer Stimme hören, wie übel sie es mir nahm. Das liegt daran, dass sie keine Kinder hat. Sie kann von morgens bis abends in ihrem Büro herumsitzen. Das ist ihre einzige Unterhaltung. Von echten Sorgen hat sie keine Ahnung.

Baruna hat in der Nacht gejammert, dass ihr der Bauch weh tut. Es ist immer das gleiche. Abends schleicht sie zum Kühlschrank und macht sich über den Inhalt her, als ob es nicht genug zum Abendessen gegeben hätte. Sie stopft alles in sich hinein und kann hinterher nicht schlafen.

Gegen Morgen hat sie sich einmal übergeben. Wahrscheinlich nur eine Grippe, aber ich wollte das lieber abklären lassen. Nur für den Fall. Nicht, dass es eine Blinddarmentzündung ist. Irenas Kleine hätte das fast nicht überlebt. Irena war davon überzeugt, dass nichts wäre, und als sie dann doch den Krankenwagen gerufen hatte, war es fast schon zu spät gewesen. Im Krankenhaus haben sie Irena Vorwürfe gemacht. Das wird sie im Leben nicht mehr vergessen! Als ob man mit so etwas rechnen würde.

Endlich öffnet die Schwester die Tür. Zum Glück waren wir ganz früh da, also sind wir sofort dran. Die Ärztin untersucht das Mädchen sehr gründlich. Ich bin froh, dass wir hergekommen sind, obwohl es Gerüchte gab, dass sie sich zur Ruhe setzen will. Doch danach sieht es nicht aus. Sie tastet Barčas Bauch ab und fragt, ob es weh tue, aber Barča antwortet so vage, dass kein Mensch daraus schlau werden könnte.

„Hat sie Fieber?", fragt die Ärztin und schaut mich streng an.

Erst jetzt wird mir klar, dass ich in Gedanken an die Blinddarmentzündung nicht einmal ihre Temperatur gemessen habe. Aber sie schaut nicht nach Fieber aus. „Nein", antworte ich überzeugt, damit sie nicht denkt, ich wüsste nicht einmal, ob das Mädchen Fieber hat.

Aber die Ärztin nimmt schon ihr Thermometer und misst Báras Temperatur. 37,6. Sie sieht mich nicht einmal an und beginnt, in den Computer zu tippen. „Ich werde Ihnen eine Überweisung ins Krankenhaus ausstellen. Der Bauch scheint mir doch empfindlich zu sein", sagt sie schließlich. „Sind Sie mit dem Auto hier?"

Ich schüttele den Kopf. „Ich werde meinen Mann anrufen."

Wir holen den Zettel und die Ärztin lächelt Baruna an. Sie erklärt uns, wo wir im Krankenhaus hingehen müssen, und schon sind wir draußen. Ich rufe Václav an. Das hat mir noch gefehlt. Ich sehe die saure Miene der Direktorin förmlich vor mir.

Heute hat mich die Ärztin ins Krankenhaus geschickt, weil ich Bauchschmerzen habe. Ich habe ein bisschen Angst, weil ich noch nie in einem Krankenhaus war und ich keine Ahnung habe, wie es da so zugeht. Aber dann merke ich, dass es gar nicht so schlimm ist, wie ich es mir immer vorgestellt habe.
Zuerst gehen wir in eines der Zimmer, wo mich eine junge Ärztin untersucht. Es ist auch eine nette Krankenschwester dabei, die mir sagt, dass ich mir keine Sorgen machen soll und dass wir das gemeinsam durchstehen werden. Dann gibt sie mir einen Krankenhausschlafanzug, den ich anziehen soll, und wir gehen in mein Zimmer. Ich sage tschüss zu Mama und Papa, aber die beiden sehen mich nur genervt an, besonders Mama. Wahrscheinlich deshalb, weil es mit mir immer Probleme gibt und das hier ist ein echt großes.
Aber schließlich lächelt mir Mama zu und winkt. „Papa und ich kommen morgen“, ruft sie, immer noch in der Tür stehend.
Im Zimmer ist es ganz nett. Dort liegt schon ein Mädchen, sie ist vierzehn und fängt sofort ein Gespräch mit mir an. Sie fragt mich, was ich habe und erzählt, sie selbst hätte immer Kopfschmerzen. Also sage ich ihr, dass ich wohl eine Blinddarmentzündung habe. Sie meint, dass ich wahrscheinlich operiert

werden muss. Das weiß sie, weil sie selbst schon so eine OP hatte. Ich habe ein bisschen Angst und frage das Mädchen, ob die Operation schlimm war. Doch sie verneint und sagt, man würde ganz normal einschlafen und nichts mitbekommen und dass die Eltern danach besonders nett zu einem sind. Also freue ich mich irgendwie auf die Operation, weil ich es super finde, wenn dann mit meinen Eltern alles gut wird.

Nach einer Weile bringt man noch einen Jungen auf unser Zimmer. Der sieht überhaupt nicht krank aus, deshalb frage ich ihn, was er hat und so kommen auch wir sofort ins Gespräch. „Nichts. Ich bin in der Turnhalle von der Kletterstange gefallen, deshalb haben sie mich zur Beobachtung hierhergebracht", lacht er und es scheint ihm nichts auszumachen, im Krankenhaus zu sein.

Dann holt er ein kleines Notizbuch heraus und kritzelt eine Weile darin herum. Ich überlege, ob er vielleicht auch gerne zeichnet, deshalb frage ich ihn, was er malt. „Sportwagen", sagt er und zeigt mir eines seiner Bilder. Dann gibt er mir das Buch und einen Stift, damit ich auch etwas darin zeichnen kann, als Erinnerung an unseren Krankenhausaufenthalt.

Aber bevor ich anfangen kann, kommt eine Krankenschwester herein, bringt mir eine Art Rollstuhl, wickelt mich in einen Bademantel und sagt, dass wir zur Untersuchung müssten. Sie fährt mich einen langen Flur entlang, in dem es keine Fenster gibt, so dass auch tagsüber Neonlicht brennt. Die Krankenschwester ist sehr nett zu mir. Sie redet zwar so, also wäre ich noch ein kleines Mädchen, aber das macht mir nichts aus.

Wir haben überall Vorrang, im Wartezimmer darf ich vom Rollstuhl aufstehen und wir gehen direkt in das Arztzimmer, obwohl die anderen schon vor uns da waren. Der Arzt ist so ein schwarzhaariger, komischer Typ, aber er ist sehr nett zu mir.
„Tut dein Bauch weh?", fragt er mich.
Ich nicke nur, weil ich ein bisschen Angst habe.
„Dann zeigst du mir, wo, okay?"
Und dann setzt mich die Schwester auf diese seltsame Liege und sagt mir, dass ich meine Unterhose ausziehen muss. Das ist mir so peinlich, aber sie ist schon dabei, mir zu helfen. Der Arzt tastet meinen Bauch ab und ich soll sagen, ob es weh tut oder nicht. Währenddessen hält die Schwester meine Hand und legt mir die andere auf die Stirn, weil sie sieht, dass ich mich unwohl fühle. Dann fängt der Arzt an, sich meine Mumu anzusehen, das ist so furchtbar und tut sogar ein bisschen weh und ich muss weinen. Die nette Schwester tröstet mich und sagt, dass es gleich vorbei wäre und sie hat recht.
Der Arzt tätschelt meine Wange und sagt: „Siehst du, schon geschafft." Und er gibt mir ein Taschentuch, damit ich mir die Nase putzen kann.
Danach gehe ich mit der Krankenschwester zu einer weiteren Untersuchung, doch dieser Arzt streicht einfach nur mit einem seltsamen Gerät über meinen Bauch.
Und als die Schwester mich in mein Zimmer bringt, sagt sie: „Gut, dass es nicht der Blinddarm ist, da kannst du bald nach Hause."

Wir sind fast an der Tür, als ich es wage, ihr zu sagen, dass ich ein bisschen Halsschmerzen habe. Daraufhin zieht sie die Augenbrauen hoch, sagt: „Aha", und bringt mich auf mein Zimmer.

Das große Mädchen, sie heißt Jana, fragt mich, warum ich geweint hätte und ob ich operiert werden müsste. Ich antworte, dass ich es nicht genau weiß, es aber nicht glaube.

Nach einer Weile kommt die Krankenschwester wieder, misst meine Temperatur mit diesem eigenartigen Thermometer, das wie eine Pistole aussieht, und sagt mir, dass ich Fieber hätte und dass der Arzt gleich kommen würde. Und das tut er auch. Der Arzt erinnert mich an Frodo, so jung wie er ist, aber Frodo ist viel hübscher. Er schaut in meinen Rachen und stellt fest, dass ich eine Halsentzündung bekommen habe, was gut sei. Besser als eine Blinddarmentzündung. Dann sagt er, ich würde ein Medikament zum Schlucken bekommen und könnte morgen nach Hause gehen. Dabei lächeln er und die Krankenschwester mich an.

Ich schreibe eine Nachricht an Mama, meine Schwester und Papa, mit vielen Smileys, denn ich bin erleichtert. Eine Mandelentzündung ist wohl doch besser als eine Operation. Mama ruft wenig später zurück und freut sich ebenfalls.

Zu Hause muss ich zwar liegen, aber ich bekomme Tabletten gegen das Fieber und das ist gut. Ich kann den ganzen Vormittag fernsehen, weil ich alleine zu Hause bin. Das gefällt mir nicht wirklich, aber ich liege trotzdem im Wohnzimmer.

Ich habe außerdem ein paar Bücher mitgenommen, die ich als Kind geliebt habe und gehe sie durch, um etwas zu finden, das ich zeichnen könnte.
Später gehen wir wieder zu meiner Ärztin zur Kontrolle und sie stellt fest, dass alles gut aussieht und ich wieder zur Schule gehen kann. Nur auf Sport muss ich noch zwei Wochen verzichten. Das bedeutet, ich habe sogar in der Schule genug Zeit, um meine neue und bisher beste Idee für ein Bild in die Tat umzusetzen – ich habe beschlossen, Frodo zu zeichnen. Ich zeichne in jeder freien Minute, und kann sogar die Zeit nutzen, während die anderen Sport haben. Damit es nicht zu auffällig ist, habe ich dafür ein normales großes Schulheft gekauft, und gebe vor, Matheaufgaben zu machen, während die anderen Kinder turnen. Stattdessen zeichne ich, mit einem normalen Bleistift. Jedes Mal, wenn ich denke, diesmal wird es gut, scheitere ich wieder an etwas. Ich fange mehrmals von vorne an und habe nicht einmal einen Radiergummi, also blättere ich jedes Mal um, wenn es falsch ist.
Erst beim sechsten Mal habe ich das Gefühl, dass ich Frodos Nase und Augen ein wenig getroffen habe, also fange ich an, mehr mit der Zeichnung zu spielen und sie zu schattieren und Haare hinzuzufügen.
„Wow, das ist toll", höre ich Víťa Šíma hinter meinem Rücken, der auch nicht beim Sport mitmacht.
Ich mag Víťa ganz gerne, weil er gut aussieht und auch sehr nett zu uns Mädchen ist.
„Das ist der neue Kunstlehrer, stimmt's?"

„Eigentlich nicht", antworte ich, bin aber trotzdem froh, dass er ihn erkannt hat. „Aber vielleicht sieht er ihm ähnlich", füge ich hinzu, weil ich nicht will, dass er denkt, ich wäre komisch.
„Ich möchte auch so malen können wie du", sagt er zu mir. Dann sieht er mir lange zu, wie ich das Bild fertigstelle, und plötzlich läutet es, der Unterricht ist zu Ende und die anderen eilen verschwitzt in die Umkleidekabine, um sich umzuziehen. Ich stecke also mein Heft in meinen Rucksack und trödele zum Unterricht.
Die Klassenlehrerin hängt ein Schild mit ihrem Namen an die Tür, weil heute Elternsprechtag ist und die Eltern so wissen, wo sie die Lehrerin finden können. Zum Glück ist mit meinen Schulsachen alles in Ordnung, so dass ich mir keine Sorgen machen muss. Doch dann frage ich mich, ob die Lehrerin meiner Mama den Aufsatz nicht doch zeigt und ihr erzählt, dass ich im Lehrerzimmer geheult habe. Ich beruhige mich schließlich damit, dass es schon sehr lange her ist und vergesse es wieder, weil nach Mathe Kunst ist. Ich muss an Frodo denken, den ich schon eine Woche nicht gesehen habe. Es wird das erste Mal sein, seit meine Schwester ihm von meiner Unordentlichkeit erzählt hat. Er weiß jetzt, wie ich bin. Im Matheunterricht kann ich mich überhaupt nicht konzentrieren, und als es zum Ende der Stunde klingelt, fängt mein Herz an zu pochen.
Frodo sitzt schon am Tisch, als ich den Kunstraum betrete. Ich verstecke mich absichtlich zwischen den anderen, doch er bemerkt mich gar nicht, weil er gerade einige Arbeiten korrigiert. Dann gibt er uns die Aufgabe, etwas aus unserer

Stadt zu malen, und korrigiert weiter die Arbeiten, ohne zwischen den Tischen durchzugehen und unsere Bilder zu überprüfen. Nur wenn die Jungs zu viel Trubel machen, ruft er, dass sie gefälligst damit aufhören sollen, weil er heute darauf keine Lust habe.

Nach der Schule werde ich wohl in der Bibliothek vorbeischauen, um Mama zu besuchen, da heute Dienstag ist und sie früher Schluss macht. Früher musste ich immer hingehen, um nicht alleine zu Hause zu sein, aber jetzt muss ich das nicht mehr. Manchmal gehe ich trotzdem noch hin und warte auf sie, weil dann die Fahrt nach Hause schneller vergeht. Ich sitze dort immer in einer Art Leseraum in der Ecke der Leihbücherei und schaue mir alle möglichen Zeitschriften an, die mich interessieren. Mama mag es nicht, weil sie mich dort nicht im Auge hat, aber ich bin froh darüber, denn so kann ich mir die Zeitschriften ansehen, die sie mir normalerweise nicht erlauben würde. Sie denkt, die sind noch nichts für mich, sondern für ältere Mädchen. Aber genau die sind es, die mich am meisten interessieren. Und ich habe schon herausgefunden, wie ich Mama austricksen kann, damit sie nicht merkt, dass ich sie lese. Ich nehme immer eine Naturzeitschrift oder so etwas in die Hand, lege die andere Zeitschrift hinein und blättere sie schnell durch, um zu gucken, was alles drinsteht. Und dann lese ich, was mich am meisten angesprochen hat. Manchmal lese ich auch gerne Zeitschriften für Jüngere, weil ich die auch mag.

Vor Kurzem habe ich in einer dieser Zeitschriften einen guten Artikel gefunden. Er hieß Die Rechte des Kindes nach der UNO-Satzung und besagte, dass es verboten sei, Kinder zu schlagen oder sie zu demütigen. Ich habe ihn immer wieder gelesen und fand es toll, dass jemand Mama und Papa verbieten konnte, mich zu schlagen oder anzuschreien. Obwohl ich nicht verstanden habe, ob sie damit meinten, dass man überhaupt nicht schlagen darf oder nur ein bisschen. Denn ich bin mir sicher, meine Eltern würden sagen, dass sie mich nur ein bisschen schlagen, dass es nichts Großes ist, und niemand könnte ihnen was. Aber dann habe ich mich gefragt, ob die Geo-Tante vielleicht genau das gemeint hat. Aber andererseits stand in dem Artikel nichts davon, dass ich in ein Heim müsste oder so etwas, also muss es wohl noch etwas anderes sein.

Schließlich beschloss ich, den Artikel aus der Zeitschrift herauszureißen, obwohl ich wusste, dass man das nicht tun darf und ich ganz leise sein musste, denn Mama stand an der Theke um die Ecke, und wenn sie das Geräusch von reißendem Papier hören würde, käme sie sicher gleich angerannt. Ganz langsam riss ich die Seite Stück für Stück heraus und stopfte sie schnell unter meinen Pullover, denn ich konnte hören, wie Mama auf mich zukam. Zum Glück hat sie nichts bemerkt.

Sie sagte, dass die Bücherei nun schließen würde und ich in ihre Garderobe gehen solle, um mich anzuziehen. Dabei sah sie mich irgendwie komisch an, so dass ich befürchtete, dass die das Reißen des Papiers doch gehört hatte. Ich tat so, als wäre nichts, stand auf und brachte die Zeitschriften zurück ins

Regal. Dabei musste ich sehr aufpassen, dass das Papier nicht unter meinem Pullover raschelte oder herausfiel. Ich steckte den Pullover vorsichtshalber in meine Hose. Auch wenn klar war, dass Mama das überhaupt nicht gefallen würde. Und so war es auch.

„Zieh den Pullover da raus", blaffte sie mich an, als ich in die Garderobe kam. „Und wenn du eine Jacke trägst, ziehst du den Pulli besser aus, es ist warm draußen. Du riechst schon wieder nach Schweiß. Weißt du, wie peinlich es ist, wenn ein Mädchen so riecht?"

Mir fiel auf die Schnelle nichts ein, um zu verhindern, dass sie das Papier unter meinem Pullover entdeckte. „Ich gehe einfach nur im Pullover raus", schlug ich vor.

„Bist du verrückt? Willst du etwa wieder eine Mandelentzündung bekommen?" Mama wurde wütend.

Dann hatte ich zum Glück eine andere Idee. „Ich gehe noch schnell aufs Klo", sagte ich schnell und rannte in den Flur hinaus. Auf der Toilette zog ich das zerknüllte Stück Papier unter meinem Pullover hervor und stopfte es mir in die Hose. Dann spülte ich, denn Mama hörte bestimmt, wenn ich es nicht tat, und rannte zurück in die Umkleide. Ich zog meinen Pullover aus, als ob nichts wäre, und schnupperte noch extra daran, um zu sehen, ob ich wirklich nach Schweiß roch, aber da war nichts. Mama war sauer, dass sie auf mich warten musste, also zog ich schnell meine Jacke an und wir gingen nach Hause.

Die Klassenlehrerin hat mich heute die ganze Zeit so seltsam angeschaut, so dass ich mich frage, ob Barča nicht irgendetwas angestellt hat. Es ist stickig im Klassenzimmer, als könnten sie kein Fenster öffnen, wenn so viele Leute hier sind. Und die Tische sind auch nicht gerade sauber. In der Schublade unter meinem Tisch liegen nur ein paar Papiere, aber daneben liegt sogar noch ein angebissener Apfel. Wenigstens vor dem Elternsprechtag hätte die Putzfrau das vielleicht noch wegmachen können.

Endlich ist sie mit all den Dingen durch, die immer besprochen werden: Ausflüge, Exkursionen, Projekte, ich höre gar nicht hin, es ist immer das Gleiche. Am Ende der Sitzung listet die Lehrerin die Eltern auf, die noch bleiben sollen. Wir sind zu dritt. Ich habe keine Ahnung, was das soll. Es passt mir auch gar nicht in dem Kram, Václav ist in Katuškas Klasse, er wird bestimmt schneller fertig sein und auf mich warten müssen. Dabei wollten wir noch Einkaufen fahren.

Die Lehrerin nimmt mich als Letzte dran, vergewissert sich, dass niemand auf dem Flur auf sie wartet, und schließt die Tür hinter mir.

„Frau Lundáková, ist bei Ihnen zu Hause alles in Ordnung?“ Sie kommt gleich zur Sache und schaut mich mit ihren angemalten Augen an.

Mir wird wieder bewusst, wie sehr sie mir auf die Nerven geht. Bára schwärmt richtiggehend von ihr, weil sie so nett ist und alles, aber mir kommt sie nicht so toll vor. Sie kann sich ja nicht mal ordentlich zurecht machen, wenn sie schon mit Kindern arbeitet. Da fragt man sich schon, wie sich die Mädchen in der Schule anziehen, wenn sie so eine Lehrerin zum Vorbild haben. Und jetzt stellt sie auch noch Fragen, als käme sie vom Mond.

„Ist etwas?", frage ich erstaunt. „Hat Bára etwas angestellt?"
Aber die Lehrerin schüttelt den Kopf und macht ein furchtbar ernstes Gesicht.
„Überhaupt nicht, Bára ist schlau. Es ist eher so, dass es da vielleicht einige größere Konflikte gibt..."
„Konflikte?" Mir wird schlecht. Weiß Gott, was Baruna wieder erzählt hat. „Ganz bestimmt nicht", antworte ich entschlossen. „Hat Bára etwas gesagt?"
„Sie hat nur so einen Aufsatz geschrieben... aber dann hat sie behauptet, dass sie ihn irgendwo abgeschrieben hat... Ich will nur sichergehen...", erwidert die Lehrerin zögerlich. Das ist so typisch Bára. Ich bin irgendwie erleichtert, dass es nichts Schlimmeres ist. Ich muss es der Lehrerin erklären. „Wissen Sie, mit Bára gibt es immer Ärger. Sie ist klug, gut in der Schule. Aber sie hat manchmal so Einfälle, da wissen wir auch nicht weiter. Sie ist frech, widerspricht immer, wir müssen ihr zu Hause alles zehnmal sagen. Sie steuert auf die Pubertät zu, wissen Sie..."
Ich brauche gar nicht weiter zu erzählen. Die Lehrerin sieht, dass nichts Schlimmes los ist. Vielleicht ist es ihr sogar ein bisschen peinlich.
„Das ist es, worüber sich die meisten Eltern beschweren", lächelt sie und will das Thema damit beenden.

Doch sie hat damit angefangen, also braucht sie sich auch nicht wundern, wenn ich es nicht darauf beruhen lasse. Wenn sie ihre Nase in Familienangelegenheiten stecken will, soll sie die Konsequenzen tragen. Ich spreche extra vorsichtig, um sie auf meine Seite zu ziehen, denn bei Lehrerinnen weiß man nie, was ihnen einfällt. Vor allem nicht bei diesen jungen Leuten, die selbst keine Kinder und keine Ahnung haben, wie es ist, sich um sie zu kümmern und sie aufzuziehen.

„Könnten Sie ihr nicht ein bisschen ins Gewissen reden? Einer Fremden wird sie eher zuhören. Sie soll nur ein bisschen ihre Sachen aufräumen. Sie faltet nicht einmal ihre eigene Wäsche richtig... Wissen Sie, ich habe ja den Vergleich mit unserer Katuška – und da sehe ich doch, dass ich wirklich keine überzogenen Erwartungen an dieses Kind stelle."

Offensichtlich ist die Lehrerin jetzt auf meiner Seite. Und sie will es sich mit mir nicht verscherzen. Sie kann froh sein, dass ich mich nicht beim Rektor darüber beschwere, dass sie ihre Nase in unsere Angelegenheiten steckt und kurz davor ist, mich zu beschuldigen, Gott weiß was getan zu haben.

„Ich werde bei Gelegenheit mit Barča sprechen ... Der Lehrer Frydrich bittet Sie noch, bei ihm vorbeizukommen", nickt sie, und es ist klar, dass für sie die Sache erledigt ist.

„Wegen Englisch?"

„Das hat er nicht gesagt, sein Zimmer ist im Dachgeschoss", zuckt die Lehrerin mit den Schultern.

Erst als sich die Tür hinter mir schließt, wird mir klar, dass ich sie nicht gefragt habe, was Baruna eigentlich in ihrem Aufsatz geschrieben hat. Ich hätte es mir ansehen sollen. Einen Moment lang überlege ich, zurückzugehen, aber dann winke ich ab. Ich kenne Barča, und ich werde nicht weiter nachbohren. Ich weiß genau, wozu sie fähig ist. Ich schreibe Václav eine Nachricht und sage ihm, dass er nicht auf mich warten soll, dass es ein Problem mit Baruna gibt und es noch eine Weile dauern kann. Zum Glück warten nur zwei Leute vor dem Englischraum. Vor dem Geschichtsraum nebenan steht eine Schlange, aber hier wird es schnell gehen. Ich weiß, mit wem ich es zu tun habe. Den Englischlehrer haben wir neulich bei der Preisverleihung kennengelernt. Er ist so ein junger Typ, fast noch grün hinter den Ohren. Aber die Kinder scheinen ihn zu mögen. Katuška meint, sie sei in ihn verliebt.

„Frau Lundáková, ich freue mich, dass Sie kommen", lächelt er von der Tür aus und bedeutet mir, Platz zu nehmen. Auch hier ist es stickig. Ist es so schwierig, das Fenster zu öffnen? Das Büro ist kaum groß genug für zwei und mit Papieren übersät, ich würde fast sagen, ein Schweinestall. Aber das ist ihm offensichtlich egal.

„Hat Barča etwas angestellt?", frage ich. Nach dem heutigen Tag bin ich mir nicht sicher, was dem Mädel alles einfällt.

Aber der Lehrer winkt ab. „I wo, Barča ist toll. Sie ist gut in Englisch. Aber ich wollte eigentlich wegen des Kunstunterrichts mit Ihnen reden."

Mir ist klar, was los ist. „Ich sag's ihr immer wieder, sie ist wie ein wildes Huhn, stürzt sich in alles, aber nach der Hälfte bricht sie ab, ein einziges Durcheinander überall."

„Ach, das ist schon okay, das habe ich auch gemacht", winkt der Lehrer ab.
Ich verstehe nicht, warum er mich hierher eingeladen hat, wenn mit Bára alles so wunderbar ist.
„Wissen Sie, Bára ist wirklich sehr begabt. Meine Mutter unterrichtet an der Jugendkunstschule, sie hat sich Báras Bilder angesehen..."
Ich lasse ihn nicht ausreden. „Unsere Mädchen malen beide gerne. Katuška zieht es eher durch, sie malt die Bilder sorgfältiger", falle ich ihm ins Wort, um ihm zu zeigen, dass ich mein Kind weit besser kenne als er.
Aber der Lehrer schüttelt den Kopf: „Katka ist nicht schlecht, ja, aber sie ist nicht annähernd so talentiert wie Bára."
Ich werde sauer. Was will dieser Typ eigentlich von mir, soll ich jetzt etwa zugeben, dass Barbora etwas Besonderes ist?
„Es ist so, dass Bára besser auf der Kunstgewerbeschule aufgehoben wäre. Sie sollte sich darauf vorbereiten."
„Halten wir sie von irgendetwas ab?" Ich muss mich sehr beherrschen, um ihn nicht anzuschnauzen. „Das wollte ich gar nicht sagen", schüttelt der Lehrer den Kopf. Immerhin schaltet er einen Gang zurück.
„Meine Mutter und ich sind der Meinung, dass sie auf die Jugendkunstschule gehen sollte. Dort wäre noch ein Platz frei, wenn auch bei den älteren Kindern, aber das ist bei Bára völlig egal."
Ich halte einen Moment inne und denke nach. Dann schüttle ich den Kopf. „Wissen Sie, mein Mann und ich werden das zu Hause noch einmal überdenken müssen. Es geht ja nicht nur

um das Gemale. Ich habe das eben mit der Klassenlehrerin durchgesprochen. Mit Bára gibt es immer Probleme."
Der Lehrer zuckt nur mit den Schultern, und es ist offensichtlich, dass er sich darüber ärgert, dass ich nicht sofort zugestimmt habe. Es ist, als wolle er mir zu verstehen geben, dass man mit mir nicht reden könne.
„Es wären zwei Unterrichtsstunden pro Woche. Frau Lundáková, ich bitte Sie, darüber nachzudenken", fleht er fast, als ginge es um etwas Lebenswichtiges.
Aber was weiß so ein Junge schon. „Sie ist doch noch ein kleines Kind, was soll sie bei den Älteren?", frage ich und versuche, Zurückhaltung zu zeigen.
„Bára ist wirklich sehr begabt... selbst unter den älteren Kindern wird sie auffallen...", versucht es der Lehrer erneut.
Ich lächle ein wenig, damit es nicht so aussieht, als würde ich dem Kind etwas verbieten wollen. „Und wer soll das bezahlen?", frage ich. Wenn er einen höheren Betrag nennt, kann ich wenigstens das Geld als Vorwand nehmen.
Aber der Lehrer schüttelt den Kopf: „Machen Sie sich darüber keine Sorgen. Meine Mutter hat die Möglichkeit, ein Stipendium für besondere Begabungen zu beantragen..."
Ich fühle mich in die Enge getrieben. Er tut einfach alles, um das Mädchen da reinzudrängen. Ich bin ziemlich empfindlich, was das angeht. „Wir werden zu Hause darüber nachdenken und uns dann so schnell wie möglich bei Ihnen melden", entscheide ich schließlich und mache ihm klar, dass ich nichts mehr hinzuzufügen habe.

Er zuckt wieder mit den Schultern, als ob ich ein schlechter Mensch wäre. Dann geht er mit mir zur Tür und wir verabschieden uns kurz, ich gebe ihm nicht einmal die Hand.
Auf dem Flur ist die Luft viel besser. Ich ziehe meinen Mantel an und verlasse die Schule. Es ist schon fast dunkel.
Der Bus steuert gerade auf die Verkehrsinsel zu, es sind zwar nur zwei Haltestellen, aber ich will so schnell wie möglich zu Hause sein, also steige ich ein. Was für ein Tag. Nächstes Mal soll Václav zu Barčas Lehrern gehen, er soll ruhig auch mal da durch. Und von Barčas Kunstunterricht werde ich noch nichts sagen. Ich habe andere Dinge mit ihr zu regeln. Aber davon hat dieser Luftikus keine Ahnung.

Am nächsten Tag warte ich schon zu Hause auf Barbora. Ich habe heute Nachmittagsschicht und sie hat nach dem Mittagessen eine Stunde frei. Deshalb haben wir ausgemacht, dass sie in dieser Zeit nach Hause kommt, so kann ich ein wenig mit ihr reden. Als ich höre, wie sich der Schlüssel im Schloss dreht, setze ich mich an den Tisch und tue so, als würde ich Kaffee trinken. Ich höre, wie sie ihre Tasche im Flur fallen lässt und in die Küche stürmt.
Sie reißt die Tür auf und erschrickt fast. Ich schätze, sie hat vergessen, dass ich heute zu Hause bin.
„Hallo, Mama ...", nuschelt sie.
„Grüß dich, Barunka", lächle ich sie an. „Du bist heute ziemlich früh zu Hause, hast du zu Mittag gegessen?"
Sie nickt. Ich kann die Unsicherheit in ihrem Gesicht sehen.

„Setz dich doch eine Weile hierher, ich mache dir einen Tee", biete ich ihr an. Sie soll das Gefühl bekommen, dass wir auch etwas Mädelszeit haben. Ich kann ihr ansehen, dass ihr das gefällt. Sie setzt sich an den Tisch und macht sich über die Kekse her, die dort stehen. Ich setze den Wasserkocher auf und gebe einen Beutel Früchtetee in den Becher. Währenddessen frage ich sie, wie es ihr in der Schule ergangen ist, was mit ihren Freundinnen los ist und so. Und wie es ihr mit den Lehrern geht und ob die Klassenlehrerin nett zu ihr ist.

Sie beantwortet alles einsilbig, was mich sehr ärgert, aber ich versuche, es nicht zu zeigen.

Erst als der Tee fertig ist und ich mit ihr am Tisch sitze, fange ich an, die wichtigen Fragen zu stellen. „Du, Baru, bedrückt dich etwas hier zu Hause?", frage ich vorsichtig und nippe an meinem Kaffee, damit sie nicht merkt, warum ich frage.

Zuerst ist sie verwirrt, doch dann sagt sie nein.

„Und du weißt, dass Papa und ich dich sehr liebhaben."

„Ich weiß", nickt sie, guckt aber dabei so komisch.

„Und wenn dich etwas belastet, dann kannst du es immer sagen", fahre ich fort und beobachte, wie sie reagiert. Ich sehe, wie sie den Keks, den sie sich gerade in den Mund stecken wollte, mit ihren Fingern zerbröselt.

Plötzlich bricht es aus ihr heraus: „Warum schreist du Katka nicht so oft an?"

Damit trifft sie genau ins Schwarze. Das ist es, was sie nie kapieren wird. Aber umso besser, dass sie es angesprochen hat. Wenigstens kann ich es ihr endlich in Ruhe erklären. Ich wische mit dem Finger einen Krümel von der Tischdecke. „So ist es doch nicht, Baru. Katka kann mich auch richtig wütend machen. Sie provoziert mich nur nicht so oft", antworte ich und warte ab, was sie sagt. Der Keks zerfällt in ihren Fingern. Schnell fängt sie ihn auf und stopft sich die Krümel in den Mund. Ich tue lieber so, als ob ich es nicht gesehen hätte.

„Aber ich provoziere nicht", wendet sie ein.

„Doch, das tust du. Du musst immer überall deinen Senf dazu geben", sage ich mit Nachdruck.

Sie guckt mich einen Moment lang bedröppelt an, den Mund voller Krümel.

„Wisch dir doch mal den Mund ab. Du brauchst dich echt nicht wundern, wenn du uns ständig so verärgerst", füge ich hinzu, damit sie es endlich versteht.

„Und Katka kriegt auch keine Prügel", fährt sie fort, als ob sie nicht gehört hätte, was ich gerade gesagt habe.

Sie fängt an, mich wütend zu machen. Dieses Mädchen ist eindeutig nicht in der Lage, in ihrem Kopf eins und eins zusammenzuzählen. Ich beobachte, wie sie seelenruhig weiter mit ihren Fingern in der Keksdose herumwühlt.

„Weil Katka weiß, wann Schluss ist." Ich schiebe die Schüssel mit den Keksen auf die andere Seite des Tisches. „Und tu nicht so, als wärst du weiß Gott wie verprügelt worden", weise ich sie zurecht.

Plötzlich sehe ich Tränen in ihren Augen glitzern. Ich frage mich, ob sie nicht etwas in der Art in ihrem Aufsatz geschrieben hat. Na, das würde uns jetzt gerade noch fehlen. Jedes Kind

bekommt mal einen Klaps auf den Hintern, aber nur Bára muss daraus ein Drama machen. „Ich hoffe, du hast so etwas nicht in der Schule herumerzählt?", frage ich sie streng.
Sie schüttelt den Kopf. Aus ihren Augen kullern erbsengroße Tränen. Ich gehe jede Wette ein, dass ich Recht habe.
„Das wäre eine furchtbare Schande. Das hätten Papa und ich nicht verdient", füge ich hinzu, damit sie es begreift.
Sie sitzt da und starrt einen Moment lang vor sich hin. Ich beobachte, wie ihr die Tränen aus den Augen rollen. Aber sie denkt nicht einmal daran, ein Taschentuch zu nehmen und sich die Nase zu putzen. Das ist es, was ich an ihr hasse. Sie zittert am ganzen Körper, während sie weint. Ich ziehe eine Serviette aus meiner Tasche und reiche sie ihr. Sie fängt an, wie ein kleines Kind in ihrem Gesicht herumzuwischen. So sehr mich das auch aufregt, sie tut mir trotzdem leid.
Schließlich halte ich es nicht mehr aus und drücke sie an mich. „Wenn du mir nur nicht so oft widersprechen würdest. Ständig machst du das."
Ich umarme sie und sie klammert sich an mich, als ginge es um ihr Leben. „Versprichst du mir, dass du das nie wieder tust?", frage ich noch einmal, und sie nickt schluchzend, mit dem Kopf auf meinem Schoß.
„Dann geh dich waschen, damit du nicht zu spät zum Nachmittagsunterricht kommst", sage ich und schiebe sie nach einem Moment weg.
Baruna steht auf und wischt sich Augen und Nase mit dem Ärmel trocken. Dafür würde ich ihr am liebsten eine runter-

hauen, aber ich beherrsche mich und schweige. Dann stellt sie das Wasser im Bad an, ich höre, wie sie sich das Gesicht wäscht, aber als sie herauskommt, sieht sie noch schlimmer aus. Ihre Augen sind geschwollen und glasig, unter ihrer Nase ist alles rot vom Schnäuzen. Zum Glück ist es kalt draußen, auf dem Weg zur Schule wird das wieder weggehen.

Ich warte, bis sie weg ist, spüle die Kaffeetasse ab und mache mich für die Arbeit fertig. Ich bin froh, dass ich mit dem Mädchen darüber gesprochen habe.

Vielleicht kommt sie jetzt selbst dahinter. Man merkt, dass sie noch ein kleines Kind ist, das erzogen werden muss. Sie ist zwar klug, aber aus ihr muss erst einmal ein ordentlicher Mensch werden. Mir wird klar, dass die ganze Idee von der Jugendkunstschule echter Humbug ist. Am besten, ich erzähle Václav gar nichts davon.

Der erste Flug des Kükens ist kurz. Die Luft strömt unter seinen Flügeln. Die Krähe fühlt keine Angst. Die Krähe spürt keine Freude. Die Welt um sie herum nimmt Farbe an. Nur das Haus gegenüber der Ulme bleibt grau.

Ich habe Frodo heute Morgen vor der Schule getroffen. Er stieg aus der Dreizehner aus, und obwohl es draußen immer noch kalt war, trug er nur einen dunklen Pullover und einen langen braun-weißen Schal um den Hals. Ach, wie fand ich ihn toll! Ich tat so, als würde ich mich mit den anderen Mädchen unterhalten, aber ich musste immer wieder zu ihm rübergucken. Auch die Mädchen kicherten, und als er an uns vorbeiging, grüßten sie ihn absichtlich mehrmals mit „Guten Tag".
Und er lachte und wiederholte auch „Guten Tag", so als würde er jede von uns einzeln begrüßen, er verbeugte sich und hielt uns die Tür auf, damit wir durchgehen konnten.
Dann bog er im Flur zur Treppe ab, so dass ich dachte, er würde ins Lehrerzimmer hochgehen. Aber als ich mich in der Garderobe ausgezogen hatte und zum Klassenzimmer ging, stand er dort auf dem Flur, und sobald er mich sah, winkte er mich zu sich. Natürlich haben die Mädchen das sofort bemerkt, und es war offensichtlich, dass sie uns beobachteten. Ich streckte ihnen die Zunge raus, ließ sie links liegen und lief zu Frodo.
„Und, habt ihr das zu Hause besprochen?", fragte Frodo und warf mir einen weiteren freundlichen Blick zu, obwohl ich dachte, dass ich ihm egal wäre, seit meine Schwester ihm von mir erzählt hatte.
Zuerst verstand ich nicht, was er meinte und was wir zu Hause besprechen sollten. Dann fiel mir ein, wie mich Mama letzte Woche ausgefragt hatte, ob ich was in der Schule ausgeplaudert hätte. Mir wurde ganz mulmig zumute. Frodo hatte

scheinbar schon alles von meiner Klassenlehrerin erfahren oder sogar mit Mama gesprochen. Deshalb hatte Mama nach dem Elternsprechtag auch so mit mir geschimpft. Plötzlich war ich überhaupt nicht mehr froh, dass er auf mich gewartet hatte. Wenn die anderen Mädchen wüssten, was wir hier besprachen! Ich starrte lieber auf den Boden, um Frodo nicht in die Augen blicken zu müssen. Vor allem, weil ich mich so sehr für mich selbst schämte. „Ja, das haben wir", antwortete ich und versuchte, mit meinem Fuß die Spur der schwarzen Sohle zu verwischen, die auf dem Boden sichtbar war, obwohl solche Schuhe in der Schule verboten waren.

„Und, zu welchem Ergebnis seid ihr gekommen?", fragte Frodo als Nächstes und es störte ihn überhaupt nicht, dass ich ihn nicht anguckte.

Ich wusste überhaupt nicht, was ich antworten sollte. Schließlich beschloss ich, ihm das Gleiche zu sagen wie zu Mama, immerhin waren wir danach wieder gut. „Dass ich es nicht mehr tun werde", murmelte ich und versuchte erneut, die Spur mit meinem Fuß zu verwischen.

„Warte, Bára, was wirst du nicht mehr tun?" Frodo schüttelte verständnislos den Kopf und hockte sich wieder neben mich, wie damals in der Klasse.

„Na ja, dass ich mich bessern werde", zuckte ich mit den Schultern. Ich wollte vor Scham im Boden versinken.

„Du, Bára, komm doch einen Moment mit mir mit", schüttelte Frodo den Kopf, als er sah, wie die Mädchen aus der Klasse uns beobachteten.

Wir gingen den Korridor entlang zu den Tischen, an denen wir in den Pausen sitzen konnten.
Frodo setzte sich mir gegenüber und schaute mir direkt in die Augen. „Was ich fragen wollte, ist, ob du und deine Mama zu Hause über das Malen gesprochen habt?"
Ich begriff überhaupt nicht, was er von mir wollte. Es stimmt schon, dass Mama sich meine Bilder nicht oft anschaut. Und ich selbst komme auch nicht auf die Idee, sie ihr zu zeigen. Aber dann fiel mir etwas ein, das ich Frodo erzählen konnte. „Sie hat Katka gefragt, was Sie zu ihren Bildern gesagt haben."
Es sah fast so aus, als wäre Frodo wütend, obwohl ich nicht verstand, warum. Und ich hatte auch ein bisschen Angst, denn ich habe Frodo noch nie wütend gesehen. Außer wenn er sich über die Jungs ärgert, aber da ärgert er sich über alle zusammen, das ist etwas anderes. Doch dann lächelte er, was mich wieder beruhigte und er sagte, alles wäre in Ordnung und ich solle in den Unterricht gehen. Also stand ich auf und ging – und war völlig verwirrt.
In der Klasse kamen die Mädchen gleich auf mich zu und fragten, was Frodo wollte. Wie nebenbei sagte ich ihnen, dass er nur hatte plaudern wollen, denn genau das hätte Katka geantwortet.

Heute hat mich zweimal eine unbekannte Nummer auf dem Handy angerufen, aber ich habe mich nicht getraut, während der Arbeitszeit ranzugehen. Vor allem wenn ich im Lesesaal bin, kontrolliert die Direktorin immer wieder, ob wir nicht am

Handy hängen. Sie selbst telefoniert den ganzen Tag, und auch wenn sie ihre Bürotür schließt, hört man das bis in die Ausleihe.

Erst als ich mittags zum Essen ging, rief ich die Nummer zurück. In solchen Momenten frage ich mich immer, ob Václav oder den Mädchen etwas zugestoßen ist.

„Hallo Frau Lundáková, hier Frydrich", meldete sich eine Stimme am anderen Ende der Leitung.

Zuerst wusste ich nicht, um wen es sich handelte. Erst nach einer Weile kam mir, dass es der Kunstlehrer war.

„Ich wollte Sie nur fragen, wie Sie sich mit Bára bezüglich der Jugendkunstschule geeinigt haben."

Ich erstarrte. Ich hatte ganz vergessen, ihm Bescheid zu geben. Jetzt wird er denken, ich sei unverantwortlich. Doch der Grund war, dass ich direkt beschlossen hatte, dass es nichts werden konnte und danach hatte ich andere Dinge um die Ohren.

„Hat Bára es Ihnen nicht gesagt?", log ich und versuchte, nicht gleichgültig zu wirken.

„Nein, nein, sie meinte..."

Ich lasse ihn nicht ausreden: „Das ist wieder mal typisch für sie, sie vergisst einfach alles weiterzugeben. Genau das meinte ich." Ich regte mich extra noch ein bisschen mehr auf, aber eigentlich tat es mir auch leid, denn schließlich hatte Bára ja keine Schuld. Aber es ist auch wahr, dass sie schon häufiger nicht ausgerichtet hat, was ich ihr aufgetragen habe, und dann musste ich mich für sie darum kümmern. So ungerecht war es also nicht. „Mein Mann und ich haben beschlossen, sie erstmal nicht hinzuschicken", antworte ich mit fester Stimme ins Telefon.

„Frau Lundáková, wollen Sie nicht versuchen, sie wenigstens für eine Stunde gehen zu lassen...", beharrte der Lehrer, als ginge es um Leben und Tod.

Langsam kommt er mir wie ein Spinner vor. Warum liegt ihm so viel an einem einzigen Mädchen? Hoffentlich ist das nicht so ein Pädo. Andererseits weiß ich, dass es in der Schule nebenan ist. Ich seufze absichtlich laut, als ob ich mich nicht erinnern könnte. „Wann ist nochmal die Stunde?"

„Morgen, um zwei", antwortet der Lehrer, und ich spüre, dass er sich Hoffnungen macht.

„Na gut, dann schicke ich sie dorthin. Aber wenn sie zu Hause kein Latein paukt, dann hat sich die Sache erledigt", sage ich barsch. Irena kommt gerade aus der Bibliothekstür. Wir essen immer gemeinsam in der Cafeteria am Eck zu Mittag.

Wenigstens kann ich ihr erzählen, dass Baruna in den Auswahlkurs für die Begabtesten gekommen ist.

Die Küken fliegen um den Baum herum. Kräh, kräh, tönt es durch die Luft. Kräh, kräh, antwortet die Krähe. Das Mädchen hört ihnen zu. Krächzende Schönheit...

Heute Morgen bin ich aufgewacht, und als ich aufs Klo ging und mich dann mit Klopapier abwischte, sah ich plötzlich, dass es ein wenig rosa war. Zuerst verstand ich nicht, was es war, aber dann dämmerte es mir. Die Tage. Ich hatte echt meine Tage bekommen! Ich wischte mich erneut ab, doch es war nicht mehr rosa. Trotzdem war ich sehr überrascht und dachte, dass es eigentlich etwas Gutes war.
Ich überlegte, ob ich vielleicht eine Binde in meine Unterhose stecken sollte, aber dann bekam ich ein komisches Gefühl und schämte mich sogar etwas, also zerknüllte ich einfach das Toilettenpapier und steckte es in die Unterhose. In der Schule bin ich in der Pause ständig nachschauen gegangen, ob es immer noch rosa war, weil ich nicht glauben konnte, dass ich sie tatsächlich schon bekommen hatte. Und auch, weil ich endlich aufhören konnte, mir über diese schreckliche Krankheit Sorgen zu machen, bei der den Mädchen etwas aus der Mumu läuft und sie dann später keine Kinder bekommen können.
In der ersten Pause war das Papier ganz sauber. Ich war total enttäuscht und hatte wieder Angst, dass ich doch nicht meine Tage hatte, sondern diese schreckliche Krankheit und ich machte mir die ganze Mathestunde lang Sorgen.
Aber in der großen Pause war da plötzlich dieser winzige Blutstropfen, und er war nicht mehr nur rosa, also konnte ich jetzt ganz sicher sein. Und dann dachte ich ständig daran, wie ich es meiner Schwester oder den Mädchen in der Schule sagen würde. Doch vor allem überlegte ich, wie ich es Mama erzählen

würde. Die würde Augen machen und dann hätten wir alle drei dieses Geheimnis – ich, Katka und sie.

Ich beobachtete es den ganzen Vormittag in der Schule und war jetzt ganz sicher.

„Du hast sie bekommen, nicht wahr?", fragte mich Martina, als sie mit mir aufs Klo ging, um zu pinkeln, denn sie merkte, dass ich länger brauchte und nicht pinkelte, sondern nur mit etwas raschelte.

Martina hat sie schon und sie weiß von allen Mädchen am meisten, denn ihre Mama ist Krankenschwester und Martina sagt, dass sie ganz entspannt mit ihr darüber spricht. Und als sie sie bekommen hat, wurde zu Hause eine Party gefeiert, da sie jetzt eine Frau wäre und so. Das kommt mir allerdings etwas seltsam vor. Ich würde sicher nicht wollen, dass Papa davon erfährt. Auch wenn Martina und ich manchmal über solche Sachen reden, hatte ich das Gefühl, dass ich knallrot wurde, als ich von der Toilette kam.

„Hast du Binden?", fragte sie mich ganz selbstverständlich. Ich schüttelte den Kopf. Nein.

Martina sagte, das wäre nicht schlimm, sie hätte welche in ihrem Rucksack, die würde sie für mich holen. Ich wartete also eine Weile im Klo und fragte mich, wie ich es in diesem neuen Kunstkurs bei Frodos Mama machen würde, denn wir sind so wenige, dass es jeder sofort merken würde, wenn ich etwas aus dem Rucksack holen würde.

Martina war schnell zurück. Sie holte eine rosa verpackte Binde unter ihrem Sweatshirt hervor, ich nahm sie und legte sie ein. Sie hatte Flügel und ich wusste nicht so recht, wie das funktioniert, denn Mama hat nie welche mit Flügeln. Aber ich hatte es schnell raus und zog meine Hose an. Martina und ich gingen in die Klasse zurück und ich war einfach nur stolz und glücklich.

Am Nachmittag warte ich die ganze Zeit darauf, dass Mama allein in der Küche ist, um es ihr zu sagen, aber als wäre es Absicht, sitzt Papa auch dort. Ich lungere so lange herum, bis Mama mich fragt, ob ich etwas brauche, aber ich verneine, denn sonst würde sie wollen, dass ich es vor Papa sage, und das will ich unter keinen Umständen.

Schließlich gehe ich hoch in mein Zimmer und fange mit meiner Schwester ein Gespräch an, als wäre nichts. Ich frage sie, was sie gerade liest, und sie meint, Pflichtlektüre.

„Und stör mich nicht weiter“, sagt sie, als sie merkt, dass ich gucken will.

„Ich habe meine Tage bekommen“, platze ich heraus und warte, wie meine Schwester reagiert. Aber sie sieht nicht einmal von ihrem Buch hoch: „Na und?“

Darauf weiß ich auch nichts zu antworten, trotzdem bin ich ein bisschen enttäuscht.

Ich hatte mir vorgestellt, dass es unser kleines Geheimnis sein könnte.

Ich gehe lieber zur Toilette, ziehe meine Unterhose runter und prüfe die Binde, die ich von Martina bekommen habe. Ich finde den Blutfleck seltsam. Dann beschließe ich, dass die Binde schmutzig genug ist, um sie zu wechseln.

Ich ziehe den Vorhang zurück und such nach der Verpackung, finde sie und fange an, eine auszupacken. Ich halte sie erst eine Weile in der Hand, dann schnuppere ich dran. Sie riecht ein bisschen nach Flieder, was ich mag. Als ich sie mir einlegen will, höre ich, dass jemand die Klinke nach unten drückt. Ich bin mucksmäuschenstill und hoffe, dass es Papa ist, denn der würde wieder weg gehen und später wieder kommen. Aber es ist Mama, was schlimmer ist. Die geht nie weg. „Raus mit dir!", höre ich sie schreien.

Diesmal habe ich sie gar nicht kommen hören, obwohl sie sonst recht laut geht. Ich bin sicher, dass sie durch das Glas in der Tür gesehen hat, dass ich hinter den Vorhang gegriffen habe. Und natürlich hat sie mich beobachtet.

„Was wühlst du da herum?", brüllt sie mich an. Genau wie damals, als sie mich erwischt hatte, wie ich als Kind ihren Schrank auf der Suche nach Weihnachtsgeschenken durchwühlte.

Vor lauter Schreck schleudere ich die Packung reflexartig unter die Toilette. Aber dann wird mir klar, dass ich nichts Falsches tue, ich wollte es Mama sowieso sagen.

In dem Moment hämmert Mama wieder an die Tür: „Mach sofort auf! Was machst du denn da!?"

Ich hebe den Beutel vom Boden auf und schließe die Tür auf. Dabei vergesse ich völlig, dass ich meine Hose heruntergelassen habe, das sieht wohl ziemlich doof aus.

Sobald Mama hört, wie ich den Schlüssel umdrehe, reißt sie die Tür auf und ich stehe direkt vor ihr. Sie sieht die alte Binde immer noch an meiner Unterhose kleben, und sie weiß, dass ich sie bekommen habe. „Warum hast du nicht gesagt, dass du Binden brauchst?“ Sie sieht wütend aus, aber dann doch nicht so wütend wie sonst.

Ich zucke mit den Schultern, weil ich nicht zugeben will, dass ich das nicht vor Papa sagen wollte. Sie versteht überhaupt nicht, dass meine Schwester und ich uns vor ihm schämen, und sie sagt immer wieder, dass sich eine Tochter vor ihrem Vater nicht zu schämen braucht, weil sie zu ihm gehört.

„Dann nimm dir hier eine Binde, wickle die gebrauchte ordentlich in Papier ein und wirf sie in den Müll.“

Sie will kontrollieren, ob ich es wirklich tue, also reiße ich ein Stück Toilettenpapier ab und packe die Binde vor ihren Augen ein.

Gleich danach geht Mama weg und ich ziehe mich an und gehe in mein Zimmer. Ich krabble ins Bett, um „Herr der Ringe“ zu lesen, mein Lieblingsbuch, aber meine Gedanken schweifen immer wieder ab und ich kann mich nicht konzentrieren.

Bestimmt kommt Mama noch hoch und hält mir einen Vortrag darüber, dass das Regelblut gefährlich ist, weil da so viele Keime drin sind. Und dass ich mir immer die Hände waschen muss und auch nicht in der Wanne liegen darf, sondern nur duschen, bis die Tage vorbei sind. Und das stört mich, denn ich liebe es, zu baden.

Schließlich legen wir uns hin und ich schlafe sofort ein, weil ich total erledigt bin von diesem aufregenden Tag.

Ich habe schon befürchtet, dass Barča wieder etwas anstellt, als ich hörte, wie sie hinter dem Vorhang auf der Toilette herumkramte. Sie war schon den ganzen Nachmittag so komisch. Ist wieder mal typisch für sie. Anstatt in die Küche zu kommen und zu sagen, dass sie ihre Tage bekommen hat, sitzt sie da und schaut mich an. Als ob Václav es nicht hören dürfte.

Am nächsten Tag habe ich zum Glück Nachmittagsschicht, so dass ich, wenn die Mädchen zur Schule gehen, in Ruhe aufräumen kann. Und Wäsche waschen, damit sie am Samstag schön trocken zum Bügeln ist. Ich schmeiße die Wäsche in die Waschmaschine, aber die Trommel ist erst halb leer, also schaue ich in den Zimmern nach, ob sich noch etwas findet. Natürlich hat Baruna ihre Hose zerknüllt auf dem Stuhl liegen lassen. Man sieht sofort, dass sie gewaschen werden muss.

Dann will ich noch Barboras Laken prüfen. Ich weiß, dass die Mädchen, wenn sie noch nicht wissen, wie es mit den Tagen so ist, über Nacht etwas auslaufen. Die Bettdecke ist wie immer achtlos zusammengeknüllt. Ich hebe sie hoch und schaue mir das Laken an. Natürlich ist da ein Fleck drauf, der bis zur Matratze durchgedrungen ist. Ich nehme das Laken mit ins Bad und säubere den Fleck auf der Matratze mit ein wenig Wasser und Waschpulver.

Richtig weiß wird es zwar nicht mehr, aber besser als nichts.

Dann hebe ich die Matratze hoch und trage sie zur Heizung, damit die Stelle bis zum Abend trocken wird. Unter der Matratze liegt ein Stück zerknülltes Papier. Auf der einen Seite sind Bilder von Kosmetika abgebildet, aber als ich das

Papier umdrehe, sehe ich dort einen Artikel zum Thema UNO-Kinderrechte. Ein paar Absätze wurden mit einem rosa Marker eingekreist. Ich halte das Blatt fest und bin völlig schockiert. Es ist offensichtlich, dass Baruna das angestrichen hat. Ich frage mich, was sie damit vorhat. Aber es ist klar, dass sie kein reines Gewissen hat, sonst würde sie es nicht vor uns verstecken. Ich überfliege den Artikel nochmal. Zum Schluss glaubt das Mädchen noch, zu Hause unterdrückt zu werden. Jetzt ergibt das alles Sinn. Vielleicht hat sie darüber in ihrem Aufsatz geschrieben. Na, die kann was erleben! Ich überlege kurz, wie Baruna an diesen Artikel gekommen sein könnte. Der einzige Ort, der mir einfällt, ist die Bibliothek. Und wenn das stimmt, wird es richtig Ärger geben.

Nachmittags bei der Arbeit, als gerade niemand in der Abteilung ist, nehme ich ein paar Zeitschriften aus den Regalen, um sie durchzublättern.

Nur für den Fall, dass die Zeitschrift noch da ist. Wenn ich so darüber nachdenke, wird mir einiges klar. Den Kindern wird eingeredet, welche Rechte sie angeblich haben und weiß Gott, was noch alles. Aber zuzuhören und hinter sich aufzuräumen, das bringt ihnen keiner bei. Da müssen sich die Eltern schön selbst kümmern. Ich bin so sehr in die Zeitschriften vertieft, dass ich gar nicht merke, wie die Direktorin in die Bücherei kommt. „Haben Sie die Bestellung schon fertig?“, fährt sie mich an.

Ich versuche, die Zeitschrift schnell zu verstecken, aber ihr entgeht nichts. Sie schikaniert uns die ganze Zeit. „Ich muss nur noch ins Lager", antworte ich.
„Dann blättern Sie hier nicht in Zeitschriften herum und bringen Sie das hoch", schnauzt sie mich an und geht.
Wie ich dieses Weib hasse. Sitzt den ganzen Tag in ihrem Büro, lungert herum und hat keine Ahnung, wie es hier im Verleihbereich zugeht. Sobald sie weg ist, schlage ich die Zeitschriften wieder auf.
Und dann finde ich es. In einem der Hefte, ein paar Ausgaben vorher, fehlt eine Seite. Es ist also klar: Baruna klaut in der Bibliothek! Das hätte ich mir denken können. Ich nehme das Klebeband und klebe die Seite vorsichtig wieder in die Zeitschrift. Damit wird sie mir nicht durchkommen. Diesmal nicht!

Als ich von der Schule nach Hause kam, war es schlimm. Ganz furchtbar schlimm! Ich meine, ab dem Zeitpunkt, als meine Eltern von der Arbeit nach Hause kamen. Und wieder war es nur wegen Mama. Weil sie mich immer anschreit. Und das Schlimmste ist, dass sie auch Papa anschreit und er dann wütend auf mich wird. Selbst die Prügel waren nicht so schlimm wie dieses Gebrülle. Ich weiß nicht einmal, warum sie den Mülleimer im Bad durchwühlen musste. Das macht doch keiner. Aber sie schon. Sie hat sofort gemerkt, dass ich meine Binde nicht richtig eingepackt hatte. Ich weiß, sie hat mir erklärt, wie ich es machen muss, aber ich habe sie einfach zer-

knüllt und so hat sie sich beim Reinstopfen in den Korb direkt wieder entrollt.
Aber ich glaube, Mama war schon vorher sauer, wegen des Artikels, den ich unter der Matratze versteckt hatte. Zuerst hat sie wütend im Bad herumgeschrien, doch als Papa dann kam, hat sie ihn angebrüllt, was für ein Schwein ich sei und nicht einmal dazu in der Lage, eine Binde richtig einzupacken. Und dass ich in der Bücherei klauen würde.
Papa wurde richtig wütend. Er schrie mich an, ich solle die Binde in meinen Rucksack stecken und sie in der Schule herumzeigen. Dann stürzte er sich auf mich, erwischte mich an der Treppe und verprügelte mich aufs Übelste. Es war furchtbar, weil er mich schlug, während ich meine Tage hatte.
Ich weinte so sehr, dass ich mich in den Schrank einschloss, in dem wir leere Marmeladengläser aufbewahren, und dort blieb ich sehr lange. Dabei dachte ich an Frodo und dass er als Einziger wirklich nett zu mir war. Und wie er mich im Kunstunterricht wieder gelobt und gesagt hatte, meine Eltern müssten stolz auf mich sein. Ich wünschte mir so sehr, dass meine Eltern es endlich verstehen würden und stolz auf mich wären, und dass sie sich meine Bilder anschauen würden und gar nicht mehr böse wären.
Schließlich war es fast halb vier und ich musste los zum Kunstunterricht in der Jugendkunstschule. Dorthin wollte ich unbedingt. Also schlich ich mich leise in den Flur, zog meine Schuhe an und warf meine Jacke über, um sie draußen richtig anzuziehen. Vor der Schule schrieb ich Katka noch schnell, wo

ich war, damit meine Eltern nicht behaupten konnten, ich wäre einfach weggelaufen.

Ich weiß nicht, was mich an diesem Mädchen so wütend macht. Es ist doch mein Kind, genau wie Katuška. Warum bringt sie mich dann immer so aus der Fassung? Und Václav auch. Das Mädchen kommt in die Pubertät und kann nicht mal eine Binde richtig einpacken. Was werden die anderen von ihr halten? Und was ist mit den Mädchen, die in der Schule nach ihr auf die Toilette gehen? Für die ist sie dann doch eine Schlamperin. Kindern tratschen untereinander, ich weiß das. Und dann fällt es auf mich zurück. Dass ich sie nicht richtig erzogen hätte. Und Václav guckt auch sauer, als ob alles meine Schuld wäre. Aber wenn man einem Kind nicht zeigt, dass man so etwas nicht macht, wird es ihm immer egal sein. Es ist schön, dass sie in der Schule gute Noten bekommt, da bin ich schon froh, und sie fällt auch nicht sonderlich auf. Aber hier zu Hause ist das so eine Sache. Ich frage mich ernsthaft, warum. Ich glaube nicht, dass sie sich vor Fremden so viel herausnimmt.
In der Schule wird sie in Zaum gehalten, da hat sie keine Zeit, sich so aufzuführen. Aber wenn man ihr ein bisschen mehr zugesteht, ist es die Hölle auf Erden. Wenigstens hat sie Katuška eine Nachricht geschickt, dass sie im Kunstunterricht ist. Das ist so ziemlich das Einzige, was das Mädchen interessiert. Selbst wenn wir sie festbinden würden, würde sie einen Weg finden, dorthin zu kommen.

Ich warte eine Weile in der Garderobe, obwohl ich weiß, dass die Kinder schon im Unterricht sind, aber ich will mit niemandem reden. Ich sitze in der Dunkelheit zwischen den Jacken und lausche den verschiedenen Klängen von Instrumenten, die aus den Musikklassenräumen kommen. Neben mir übt ein Junge am Klavier, und die Lehrerin schimpft ein bisschen, weil er ständig Fehler macht. Die ganze Schule riecht so seltsam nach Farbe, wahrscheinlich weil überall Bilder hängen, die die Kinder hier gemalt haben. Ich schaue sie mir immer wieder an und schnuppere ein bisschen daran, denn ich mag den Geruch. Ich komme erst in den Unterricht, als er schon angefangen hat, was gut ist, weil alle schon in ihre Zeichnungen vertieft sind und mich nicht bemerken. Ich hoffe, es ist nicht so offensichtlich, dass ich geweint habe.

Frodos Mama schenkt mir ein wunderschönes Lächeln, das macht sie immer bei allen, und sie sieht eigentlich fast genauso aus wie Frodo. Nur dass ihre Haare grau sind, sie viel kleiner ist und diese Brille mit Metallgestell trägt.

Das letzte Mal habe ich eine Stadt angefangen, wir arbeiten mit Temperafarben, also fülle ich einen Becher mit Wasser, setze mich neben Natka in die Ecke und beginne zu malen. Ich tue so, als würde ich mich konzentrieren, aber in Wirklichkeit trödle ich herum. Heute macht es mir keinen Spaß.

Die beiden großen Gymnasiasten reden und lachen viel, so dass Frodos Mama sie immer wieder ermahnt, leise zu sein.

Dann beugt sich das Mädchen aus der neunten Klasse zu mir herüber, von dem ich schon weiß, dass es Kristýna heißt. Wir reden viel miteinander, obwohl ich um einiges jünger bin. Sie ist echt hübsch und ich freue mich schon darauf, sie zu malen, wenn wir Porträts lernen. Sie hat hüftlanges, glänzendes schwarzes Haar und grüne Augen, was mir total gut gefällt und worum ich sie beneide.

„Hast du nen Kaugummi?", fragt sie und schaut mich komisch an.

Ich schüttle nur den Kopf, hebe ihn nicht einmal, damit sie mich nicht so genau anschauen kann.

Aber Kristýna bemerkt es natürlich sofort. „Hey, was ist denn mit deinen Augen los?"

„Nichts, was sollte sein?" Ich blinzle und tue so, als hätte ich keine Ahnung, was sie meint.

„Du siehst aus, als ob du geheult hättest."

„Ich habe nicht geheult. Warum sollte ich heulen?"

„Du siehst echt so aus", wiederholt Kristýna so laut, dass sogar Frodos Mama sie hören kann.

In dem Moment hasse ich Kristýna. Alle Blicke sind auf mich gerichtet. Schnell reibe ich mir die Augen. „Ich habe eine Allergie", erkläre ich und beuge mich tief über mein Bild.

Zum Glück hat in dem Moment einer der großen Jungs versehentlich einen Becher verschmutztes Wasser über sein Bild gekippt, so dass ich nicht mehr im Mittelpunkt der Aufmerksamkeit stehe.

Am Ende der Stunde, als wir unsere Pinsel am Waschbecken auswaschen, bin ich die Letzte, die im Waschraum ist. Ich lasse das Wasser eine Weile auf die Palette laufen und starre auf den Schmutz, der über das ganze Waschbecken spritzt. Dann fällt mir ein, dass auch ein paar Leute aus unserer Straße den Bus nach Hause nehmen werden, und es wird auffallen, dass ich verheult bin. Also versuche ich noch einmal, mir die Augen zu waschen, vielleicht hilft es ja. In diesem Moment kommt Frodos Mama in den Waschraum. Ich hatte vergessen, dass sie am Schluss immer kontrolliert, ob das Wasser noch läuft und ob das Licht aus ist. Ich erschrecke ein bisschen.

„Bára, was machst du noch hier?" Sie sieht mich an. „Machen dir deine Augen immer noch zu schaffen?" Ich schüttle schnell den Kopf und tue so, als würde ich sie mit meinem Ellbogen abwischen.

Frodos Mama dreht den letzten Wasserhahn zu, der immer ein wenig tropft, und sieht mich wieder an, als würde sie mir nicht glauben. „Bist du sicher, dass nichts los ist?"

Ich kann spüren, wie ich rot werde. Einen Moment lang denke ich, ich könnte es ihr erzählen, weil sie so nett zu mir ist, aber dann weiß ich, dass es nicht geht. Wenn ich noch ein kleines Kind wäre, würde es mir nichts ausmachen, zuzugeben, dass ich den Hintern versohlt bekommen habe, aber jetzt fühlt es sich komisch an. Ich bin mir außerdem sicher, dass ich es verdient habe, weil ich die Binden wirklich falsch eingewickelt habe, obwohl Mama es mir so oft erklärt hat.

Frodos Mama würde sicher Augen machen, wie ich mich zu Hause aufführe. Denn sie denkt wahrscheinlich, ich wäre ein artiges Kind und würde keinen Ärger machen. Ich schüttle schnell den Kopf und laufe zur Garderobe. Ich tue so, als müsste ich den Bus erwischen.

Am Ausgang der Jugendkunstschule treffe ich auf Frodo. Ich frage mich, was er hier zu suchen hat, aber er legt gleich los: „Wie ich sehe, komme ich gerade rechtzeitig, meine Mama kommt doch auch gleich, oder?"
Ich nicke und versuche, ihn nicht anzuschauen. Hier unten im Flur ist es zwar nicht so hell wie oben, aber er könnte trotzdem etwas bemerken.
„Ich werde hier auf sie warten, damit ich meine Schuhe nicht ausziehen muss", zwinkert er mir zu.
„Das müssen Sie doch gar nicht", murmle ich und weiß nicht, was ich sagen soll. Ich will nach draußen rennen, doch ausgerechnet jetzt will er mit mir plaudern.
„Und ob ich das muss. Wenn meine Mama mich in Schuhen sehen würde, würde sie mir eine ordentliche Standpauke halten", lacht er.
Und in diesem Moment halte ich es nicht mehr aus, alles explodiert in mir und ich fange an zu weinen.
„Oh je, was ist denn passiert, Bára?" Frodo steht wie angewurzelt vor mir, sieht mich an und lacht überhaupt nicht mehr.
Aber vor lauter Geheule kann ich nicht antworten.
„Habe ich etwas Falsches gesagt?", fragt er mich sanft. Ich schüttle den Kopf, nein.

Ich versuche, mir über die Augen zu wischen und die Tränen irgendwie zu stoppen, aber es gelingt mir nicht.
Frodo sagt nichts und sieht mich nur abwartend an.

Ich weiß, dass ich etwas sagen muss, also versuche ich es zumindest. „Aber ich... ich... hab doch... Mama... Mama ist wütend auf mich", platze ich heraus.
„Das passiert manchmal, das ist doch solche Tränen nicht wert", versucht Frodo mich zu beruhigen, und ich nehme an, dass er nicht wirklich weiß, wie schrecklich es ist, wenn Mama wütend ist.
„Es ist nur...", ich versuche, Luft zu holen und ein Schluchzen zurückzuhalten. „Es ist nur so, sie ist so schrecklich..."
„Was hast du angestellt, Bára?" Frodo hockt sich neben mich und sieht mich mit diesen wunderschönen Augen an.
Plötzlich weiß ich nicht mehr, was ich sagen soll. „Ich... ich... ich habe nicht aufgeräumt", ich wische mir die Nase am Ärmel ab, weil ich kein Taschentuch in meiner Jacke hab. Frodo holt ein Päckchen aus seiner Tasche und reicht mir eins. Ich putze mir schnell die Nase und trockne mir die Augen.
„Das passiert doch jedem Mal, dass man nicht aufräumt. Du hättest mal sehen sollen, was für einen Spaß meine Mama mit mir hatte", versucht er mich aufzumuntern.
Mir ist plötzlich unendlich heiß in dieser Jacke. „Es ist nur so, dass ich... Papa... mich angeschrien hat, dass ich... ich sollte..." Das ist alles, was ich sagen kann.
Auf der Treppe sind Schritte zu hören. Ich weiß, dass es Frodos Mama ist, weil sie immer die Letzte ist, die geht. Ich versuche wieder, mein Gesicht mit dem Taschentuch zu trocknen.
„Ich komme schon", ruft sie Frodo zu. Dann bemerkt sie mich. „Barunka, was machst du noch hier, deine Eltern werden sich

Sorgen um dich machen..." Sie sieht sofort mein verheultes Gesicht. Dann wirft sie Frodo einen Blick zu, aber der zuckt nur mit den Schultern. „Ich wusste doch sofort, dass es mit den Augen etwas anderes auf sich hat", schüttelt Frodos Mutter den Kopf.

„Du solltest uns sagen, was dich bedrückt, eine so geschickte Malerin kann doch nicht unglücklich herumlaufen." Sie lächelt mich an und streicht über mein Haar, fast wie die liebe Krankenschwester im Krankenhaus.

Plötzlich halte ich es nicht mehr aus und flüstere ihr ins Ohr, dass ich eine furchtbare Tracht Prügel bekommen habe und es an den Binden lag. Aber ich flüsterte es so leise wie möglich, damit Frodo es nicht hört, denn ich würde es nie vor ihm sagen.

„Ich sage dir, meine liebe Barunka, das gefällt mir überhaupt nicht", schüttelt Frodos Mutter den Kopf und sieht mich mit einem seltsam traurigen Blick an. Ich habe fast das Gefühl, sie müsste auch weinen, doch sie wischt sich schnell über die Augen und tut es nicht. Dann streicht sie mir wieder über das Haar und deutet auf die Tische im Flur:

„Wir lassen das jetzt, trinken eine heiße Schokolade aus dem Automaten hier, und dann überlegen wir uns was."

Ich bemerke, wie sie Frodo zuzwinkert, der macht sich sofort auf den Weg zum Automaten neben den Umkleiden, um einen Becher Schokolade zu kaufen.

Ich ziere mich, das Getränk anzunehmen, aber dann schaut er mich so nett an und zieht mich scherzhaft an meiner Kapuze: „Zieh deine Jacke aus, damit du hier nicht eingehst, und nimm den Schokibecher, dann geht's dir gleich besser." Dann schaut er auf seine Uhr. „Wann fährt dein Bus?"

Ich zucke mit den Schultern. Ich habe keine Ahnung, wie spät es ist, und den, den ich normalerweise nehme, habe ich definitiv schon verpasst. „Ich gehe zu Fuß, wir wohnen in der Nähe vom Park."

„Wir können dich im Auto mitnehmen", schüttelt Frodos Mutter schnell den Kopf, „dann nehmen wir die Strecke übers Zentrum."

Frodo nickt nur, und ich bin sehr froh, dass ich noch eine Weile bei ihnen sein kann. Die beiden warten, bis ich den ganzen Becher ausgetrunken habe, und dann treten wir hinaus vor die Schule.

„Ruf zu Hause an und sag, dass du auf dem Weg bist und wir dich mitnehmen, damit deine Eltern sich keine Sorgen machen", bittet mich Frodos Mama.

Ich wähle die Nummer von Mama, aber sie nimmt nicht ab, also rufe ich schließlich Katka an, die sofort rangeht und mich anfährt, wo ich denn bleiben würde.

Dann setze ich mich in Frodos Auto, er kontrolliert, ob ich richtig angeschnallt bin, und wir fahren los. Frodos Mama redet mit mir über die Jugendkunstschule und darüber, was wir gerade malen. Sie lobt mich sehr, und ich will gar nicht aussteigen, weil ich mich so gut fühle und auch, weil ich Angst habe, nach Hause zu kommen. Ich will weder Mama noch Papa in die Augen sehen.

Schließlich muss ich aber trotzdem aussteigen, weil wir schon vor dem Haus sind. Frodo wartet, bis er sieht, dass ich das Haus betrete, und fährt dann los.
Ich will meinen Eltern auf keinen Fall begegnen, also renne ich an der Küchentür vorbei und nach oben.
Aber da kommt Mama ausgerechnet aus dem Schlafzimmer.
„Hallo", murmle ich, aber ich schaue sie nicht an.
„Wo warst du denn so lange? Das war nicht abgemacht, dass du dich einfach so aus dem Staub machst", fährt sie mich an und sieht dabei richtig wütend aus.
Ich sage lieber gar nichts und verkrieche mich in mein Zimmer.
„Du wirst jetzt wohl runter kommen zum Abendessen, oder etwa nicht?", ruft sie mir nach. „Und da ist noch Geschirr für dich."
Ich sitze eine Weile im Dunkeln in meinem Zimmer und sage mir, dass ich nicht runtergehe, weil ich Papa nicht sehen will.
Schließlich habe ich aber Angst, dass Mama mich nochmal anfährt, und gehe lieber doch.
Meine Schwester und Papa sitzen schon am Tisch, und ich murmle wieder einen kleinen Gruß, aber Papa sieht mich nicht einmal an. Meine Schwester schiebt sich ein paar Kartoffeln in den Mund und ich merke, dass sie nicht mehr kann, weil sie immer wieder mit den Händen über ihre Oberschenkel streicht, aber sie macht trotzdem weiter, weil sie Mamas Liebling sein will, der immer alles brav aufisst. Ich gebe nur ein bisschen was auf meinen Teller, um es schnell hinter mich zu bringen. Dann spüle ich das Geschirr ab und versuche, nichts zu vergessen,

damit Mama nicht wieder mit mir schimpft, und dann renne ich in mein Zimmer und mache meine Tschechisch-Aufgaben. Ich kann mich aber gar nicht richtig konzentrieren, immer wieder denke ich daran, wie gut Frodo und seine Mama zu mir waren und sie zu mir gesagt hat, ihre Malerin dürfe nicht traurig sein. Den ganzen Abend gehe ich es immer wieder durch, doch dann fällt mir ein, dass Frodos Mama vielleicht etwas zu meinen Eltern sagen könnte oder sogar zum Jugendamt, wie meine Lehrerin meinte.

Und plötzlich habe ich solche Angst, und ich verfluche mich immer wieder, dass ich ihr alles erzählt habe, bis ich völlig erschöpft einschlafe.

Das Nest ist leer. Die Krähe zupft das Stroh mit ihrem Schnabel zurecht. Sie ist nicht einsam. Ein Männchen fliegt herum. Seine schwarzen Flügel glitzern in der Sonne. Das Leben geht weiter. Sie werden wieder vereint sein.

Papa ist echt ganz anders, wenn Mama nicht zu Hause ist. Heute ist es schön mit ihm, weil Mama zur Nachmittagsschicht ist und meine Schwester Sportgruppe hat. Außerdem redet er seit dem letzten Streit wieder ganz normal mit mir. Ich genieße es, nichts tun zu müssen. Ich habe mich gleich nach der Schule auf die Couch gelegt, einen Cartoon eingeschaltet und beschlossen, heute einen faulen Tag zu machen. Meine Hausaufgaben mache ich morgen früh vor der Schule, Mama wird sie sowieso nicht kontrollieren, und ich muss sie nicht unterschreiben lassen. Ich glaube, Papa stört es überhaupt nicht, dass ich vor dem Fernseher liege, eigentlich stört das immer nur Mama. Auch heute, als er von der Arbeit nach Hause gekommen ist, hat er sich zu mir gesetzt und mich gefragt, wie es in der Schule war.

„Gut“ antworte ich, weil ich nichts erzählen will. „Eine Eins in Mathe“, füge ich hinzu, damit er nicht denkt, dass ich nicht mit ihm reden will.

„Und was gibt es Neues aus dem Kunstunterricht?“, fragt er mich aus.

„Wir malen diese Stadt.“

„Aber das sagst du doch jedes Mal.“

Ich weiß, es klingt seltsam, denn in der Schule machen wir normalerweise ein Bild in ein oder zwei Stunden. Aber bei Frodos Mama ist das anders. Sie erklärt uns alles ganz genau – wie man die Farbe aufträgt zum Beispiel. Wir probieren es immer erst an einem Stück Papier aus und wir haben viel Zeit damit verbracht, einen Entwurf mit Bleistift zu zeichnen. Das habe ich mehrmals wiederholt, weil die Häuser immer komisch aussahen. Damit das nicht passiert, erklärte sie, müsse man etwas von Perspektive verstehen, darüber haben wir lange diskutiert. Aber ich habe keine Lust, das meinem Vater zu erklären. Auch weil Frodos Mama jetzt ziemlich viel mit mir redet, seit ich ihr von der Sache mit Papa erzählt habe. Ich glaube, ich war ihm gegenüber nicht fair, denn er ist wirklich lieb zu mir, wenn Mama nicht da ist. Aber ich bin mir sicher, dass Frodos Mama es versteht, denn wir haben schon ein paar Mal darüber gesprochen, und sie sagt immer, dass es manchmal schwer ist mit den Eltern.

Ich blicke wieder zu Papa und finde, dass Perspektive ein sehr schlaues Wort ist, deshalb erzähle ich es doch und Papa bestätigt, dass es stimmt, was Frau Frydrich gesagt hat. Dann setzt er sich neben mich und wir schauen uns einen Zeichentrickfilm an. Irgendwann merke ich, dass Papa mich ansieht, statt auf den Fernseher. Und als er das wiederum registriert, lächelt er mich an und schaut weg. Doch nach einer Weile sieht er erneut zu mir rüber und es kommt mir fast so vor wie damals bei der Krankenschwester in der Notaufnahme. Mama hat das gar nicht gefallen, das habe ich ihr angesehen.

Dann behauptet er, sein Rücken tue ihm weh und dass er sich mal neben mir ausstrecken müsse. Ich will aufstehen, aber er meint, ich solle ruhig liegen bleiben und drückt sich von hinten an mich. So liegen wir da und es ist irgendwie komisch, weil ich den ganzen Papa spüren kann. Wir kleben richtiggehend aneinander und das ist mir unangenehm. Vor allem als Papa dann auch noch einschläft, sich dabei auf mich rollt und mich fast erdrückt. Er ist so schwer, ich kann kaum atmen. Ich versuche, ihn aufzuwecken, und als er wach wird, schaut er mir direkt in die Augen, er ist so nah, dass ich das Gefühl habe, zu schielen. Doch er streicht mir nur übers Haar.

„Ich mag dich wirklich sehr... mehr als Mama, nur damit du es weißt..."

„Ich krieg keine Luft", japse ich und versuche, ihn wegzuschieben. Er aber liegt einfach da und drückt mich fest an sich. Ich will mit den Beinen strampeln und mich befreien, aber es nützt nichts. Papa lacht und bewegt sich nicht, so dass ich ihn mit aller Kraft trete und schlage. Mir ist zum Heulen zumute, doch Papa lacht immer noch.

„Ist doch nur Spaß."

Plötzlich fliegt die Tür auf und Katka kommt rein.

Papa erschrickt so sehr, dass er plötzlich aufspringt. Er schnappt sich die Fernbedienung und schaltet den Fernseher mitten im Zeichentrickfilm aus. „Geh jetzt bitte dein Zimmer aufräumen, bevor Mama kommt", befiehlt er streng, und ist jetzt ganz anders. Also gehe ich lieber in mein Zimmer und räume so gründlich auf, wie es meine Schwester tun würde.

Schließlich komme ich auf die Idee, auch die Blumen zu gießen, also gieße ich sie nicht nur in unserem Zimmer, sondern im ganzen Haus.

Meine Schwester starrt mich entgeistert an, weil ich mich so anstrenge. „Schleimst du dich bei Papa ein?", fragt sie grinsend.

„Ich schleime mich nicht ein. Er mag mich einfach", gebe ich zurück.
„Das habe ich gesehen", blafft Katka mich an.
„Wir haben gekuschelt, bevor du gekommen bist", blaffe ich zurück.
„Du lügst! Papa kuschelt nicht. Nur mit Mama", stichelt meine Schwester weiter.
Ich will darauf nicht weiter eingehen, denn ich realisiere, dass Papa wirklich genauso mit mir gekuschelt hat wie mit Mama. Ich gehe lieber in die Küche und kümmere mich um den Abwasch, wobei ich darauf achte, das Geschirrtuch schön auf dem Herd auszubreiten und den Schwamm ordentlich auszudrücken.
„Na so was, Barunka", kommt es von hinten.
Ich war so in meine Arbeit vertieft, dass ich Mama gar nicht bemerkt habe.
„Hast du das hier so schön gemacht?"
Mama lächelt mich an, und man kann sehen, dass sie sich wirklich freut, also nicke ich einfach und freue mich auch. Dann schlägt sie vor, dass wir uns einen schönen Abend zusammen machen und eine Serie gucken könnten, was wir normalerweise nicht dürfen. Ich setze mich absichtlich neben Papa auf die Couch und lehne mich an ihn. Und obwohl er mich nicht einmal streichelt, ist meine Schwester eifersüchtig, denn sie sitzt alleine im Sessel. Irgendwann hält sie es nicht mehr aus, setzt sich neben Mama und kuschelt sich an sie, aber ich tue so, als hätte ich es nicht bemerkt. Später im Bett kann ich nicht

einschlafen, weil ich daran denken muss, wie schwer Papa war, so dass ich kaum atmen konnte und wie komisch sich das angefühlt hat, obwohl wir nur gekuschelt haben. Warum, kann ich mir nicht erklären. Doch dann überlege ich, dass es bestimmt daran liegt, dass Papa sonst nie mit mir kuschelt, ich es aber jetzt, wo ich mich gebessert habe und nicht mehr so ungezogen bin, auch verdient habe.

Jetzt reicht es wirklich. Und Baruna wird dafür büßen müssen. Dabei dachte ich, sie würde endlich zur Vernunft kommen und sich bessern. Die Klassenlehrerin am Telefon klang, als ginge es um Leben und Tod. Und sie hat uns sogar beide zu sich gebeten.

Václav wartet vor der Schule auf mich. Wir klingeln an der Pforte und werden schon erwartet. Man schickt uns in den dritten Stock.

Im Lehrerzimmer wartet neben der Klassenlehrerin auch dieser Kunstlehrer, also ist klar, dass er auch seine Finger im Spiel hat. Ich hatte gleich ein ungutes Gefühl. Ein wenig zu aktiv für meinen Geschmack. Plötzlich kommt mir ein furchtbarer Gedanke – um Himmels willen, er ist ja noch so jung, vielleicht hat er Baruna etwas angetan... Das sollte an Schulen verboten werden, so junge Lehrer. Die Mädchen kommen in die Pubertät und kokettieren. Ich kenne doch Bára, sie beherrscht das besonders gut.

„Setzen Sie sich“, nickt die Lehrerin Václav und mir zu und bietet uns Kaffee an.

Aber wir lehnen beide ab. Wir werden doch nicht bei einem Kaffeeklatsch über Báras Probleme reden. Ich schaue mich diskret im Raum um, es sieht ein bisschen besser aus als im Englischzimmer, man kann sehen, dass hier wenigstens ein paar anständige Frauen sitzen. Andererseits sollte das eigentlich selbstverständlich sein, vor allem bei einer weiblichen Lehrkraft.

„Frau Lundáková, wir müssen uns noch einmal mit dem beschäftigen, was Bára in ihrem Aufsatz geschrieben hat", beginnt die Lehrerin und schaut zu diesem Jungspund. Sie ist wieder geschminkt, als hätte sie einen Malkasten im Gesicht verteilt.

„Das haben wir doch schon gelöst, oder?", frage ich, unfähig, meine Irritation zu verbergen. Václav hat keine Ahnung, was los ist, weil ich ihm damals gar nichts davon erzählt hatte.

Die Klassenlehrerin schüttelt den Kopf. „Es ist nur so", sagt sie zögerlich, „dass uns einige andere Dinge seltsam vorkommen. Bára hat uns erzählt..."

Dafür habe ich jetzt keine Nerven. „Frau Lehrerin, nichts für ungut, aber es ist mir egal, was Bára sagt, sie ist mein Kind und ich weiß sehr gut, wozu sie fähig ist. Und sie denkt sich die tollsten Dinge aus!"

„Aber es geht nicht nur darum, was sie sagt", wirft der Junge ein. Ich würdige ihn keines Blickes.

„Eine ihrer Klassenkameradinnen hat gesagt, dass Bára blaue Flecken an den Oberschenkeln hat."

Ich spüre, wie Václav zusammenzuckt. Gott, daran habe ich nie gedacht. Ich weiß, dass Bára immer schreit wie irre, wenn man ihr den Hintern versohlt, aber dass es so schlimm ist, dass sie blaue Flecken hat? Gott weiß, was das Mädchen gesehen hat. „Ich sage ja nicht, dass Bára nicht auch manchmal den Hintern versohlt bekommt. Aber wenn Sie sehen würden, wie sie sich zu Hause aufführt. Da wären Sie vielleicht auch der Meinung, dass sie es verdient hat. Und von blauen Flecken wissen wir nichts", sage ich mit Nachdruck. Václav schweigt natürlich, anstatt mich zu unterstützen. Im Zimmer ist es gespenstisch still. Und wieder diese verbrauchte Luft. Als ob sie nicht einmal lüften könnten.

„Bára hat sich auch der Lehrerin aus der Jugendkunstschule anvertraut...", fährt die Klassenlehrerin nach einem Moment der Unsicherheit fort.

Von da weht also der Wind! Ich wusste es doch, dass diese ganze Sache mit der Jugendkunstschule eine Schnapsidee war. Das Mädchen macht einen auf armes Opfer, die Alte frisst das und dann muss ich kommen und das Missverständnis aufklären. „Sie wollen also hier behaupten, dass wir sie zu Hause quälen?", gehe ich auf sie los. Václav ergreift meinen Arm, um mich ein wenig zu bremsen, was mich noch wütender macht. „Wollen Sie damit sagen, dass wir eine Art häusliche Gewalttäter sind?", wiederhole ich.

Die Lehrerin wird noch nervöser.

Ich ziehe meine Trumpfkarte. „Dann fragen Sie Katuška. Sie kann es Ihnen erzählen."

„Wir haben mit Katka geredet", nickt der Junge mit dem Kopf.
„Und?" Ich blicke die Lehrer an.
„Katka findet, dass Bára die Prügel verdient hat", fügt der junge Mann hinzu, „was noch schlimmer ist." Er steht auf und starrt Václav und mich herausfordernd an.
„Hören Sie mal zu, wie wir die Mädchen erziehen, geht Sie nichts an", schnauze ich ihn an. „Und wenn Ihnen etwas nicht passt, dann nur zu, rufen Sie das Jugendamt an."
Der Klassenlehrerin ist sichtlich erschrocken.
Dann wende ich mich an den Jungen: „Wie ich sehe, war Ihr berühmter Kunstkurs ein großer Fehler. Rechnen Sie nicht mehr mit Bára."
Ich stehe auf. Václav sagt sowieso kein Wort.
„Frau Lundáková, ich fürchte, Sie machen einen Fehler", höre ich die Stimme des Jungen hinter mir.
Ich schaue mich nicht einmal um. Was will mir so ein junger Schnösel schon über Kindererziehung erzählen? Schließlich weiß ich, dass andere Eltern viel strenger mit ihren Kindern umgehen als wir. Zum Beispiel Irena, die verdrischt das Mädchen, ohne mit der Wimper zu zucken, die Kleine bekommt ohne viel Aufhebens einen Monat Hausarrest. Wie diese Mädchen spuren! Bevor ich aus der Tür gehe, drehe ich mich um und sage: „Anstatt den Kindern zu helfen, fördert die Schule diesen Unfug! Das haben wir jetzt davon!"
„Aber in der Schule gibt es keine Probleme mit Bára", erwidert der Junge. „Zumindest nicht bei mir", sagt er mit Blick auf die Lehrerin.

„Keiner beschwert sich. Ganz im Gegenteil. Alle loben sie", schaltet sich die Lehrerin ein.
„Dann bin ich hier wohl die Böse." Ich weiß nicht, was ich noch sagen soll. Wir gehen zügig zur Tür hinaus. Das wird Barbora büßen.
„Und von dir kommt keinerlei Unterstützung!", schnauze ich Václav an, als wir vor der Schule stehen.
Er starrt mich einen Moment lang an, dann dreht er sich wortlos um und geht weg.
„Wo willst du hin? Das sieht dir ähnlich", schreie ich ihm hinterher. Er dreht sich nicht einmal um.
Ich weiß nicht wohin mit mir vor lauter Wut. Die Leute auf der Straße glotzen schon. Schließlich reiße ich mich zusammen und renne fast nach Hause. Ich würde Barbora am liebsten selbst verprügeln, hundertfach. Ich kann unser Haus schon von weitem sehen. Im Zimmer der Mädchen brennt noch Licht.

Als ich in die Küche komme, sehe ich, dass sie ziemlich ordentlich ist, und ich höre Lachen aus dem Zimmer oben.
„Katuška", rufe ich am Fuße der Treppe, „komm mal kurz her."
Das Lachen verstummt. Im nächsten Moment höre ich Katka die Treppe hinunterlaufen. Sie guckt mich irritiert an, denn mein Gesicht ist verheult, aber das ist mir im Moment egal.
„Hast du den Lehrern gesagt, dass wir Bára schlagen?", frage ich sie streng.

Sie sieht mich schuldbewusst an, fast so, als hätte sie etwas falsch gemacht. „Na ja, der Kunstlehrer hat mal gefragt, ob Bára zu Hause Ärger macht. Also habe ich ja gesagt."
Ich nicke und sage nichts dazu. „Und glaubst du, dass wir Bára zu sehr schlagen?", frage ich so neutral wie möglich.
Katka zuckt nur mit den Schultern. „Aber ihr kuschelt auch mehr mit ihr", fügt sie hinzu, als sie mich warten sieht.
„Ich kuschle mehr mit ihr?", frage ich überrascht. Das hätte ich von Katuška nicht erwartet, so einen ungerechten Vorwurf. Schließlich war sie immer mein Mädchen. Ich sehe ihr an, dass sie erschrocken ist. Ich war ein wenig zu grob, denn sie ist ein liebes Mädchen, mit ihr kommt man gut aus.
„Du nicht, aber Papa", antwortet sie schnell und weint schon fast. Also jetzt bin ich wirklich schockiert. Václav soll mit Bára kuscheln? Dass mir das nie aufgefallen ist. Ich stelle lieber keine weiteren Fragen und schicke Katuška zurück in ihr Zimmer. Ich habe das Gefühl, meine ganze Welt bricht in sich zusammen. Mir wird klar, dass Václav Bára nie erziehen wird. Er mag sie einfach lieber als Katka. Aber sie war schon immer mehr wie er, die beiden fühlen sich einfach verbunden. Er tut nur so, als würde sie ihm auf die Nerven gehen, damit ich ihn in Ruhe lasse. Nein, das kann ich so nicht durchgehen lassen. Ich werde Ordnung im Haus schaffen. Wenn Václav es nicht macht, mache ich es selbst.

Ich weiß, dass man nicht an Türen lauschen soll, aber als Mama Katka rief, bin ich absichtlich leise an die Treppe gegangen, weil Mama sich so komisch anhörte, dass ich dachte, meine Schwester musste was angestellt haben. Vor allem weil Mama sie Katuška genannt hat. Da sie fast nie etwas anstellt, wollte ich wissen, was passiert ist.

Ich stand eine Weile da und spitzte die Ohren, aber ich konnte nichts hören. Es war also klar, dass Mama Katka nicht anschrie, nicht einmal ein bisschen. Stattdessen hatte ich mir etwas eingebrockt, denn als Katka unerwartet die Tür öffnete, sah Mama mich auf der Treppe.

Sie rief mich auch nach unten und fragte mich, ob es stimme, dass Papa mit mir kuscheln würde. Dabei sah sie mich sehr wütend an und ich dachte plötzlich, dass sie vielleicht sauer war, dass Papa mit mir gekuschelt hatte statt mit ihr. Denn meine Schwester war ja auch sauer, dass er nur mit mir kuschelte. Also sagte ich lieber, dass es nicht stimme.

„Dann hast du Katuška also angelogen?“ Mama sah mich streng an.

Plötzlich wusste ich nicht mehr, was ich sagen sollte, denn ich hatte nicht gelogen, doch ich wollte auch nicht, dass Mama traurig war, weil er nicht mit ihr kuschelte. Dann fiel mir wieder ein, dass Papa vielleicht ein bisschen zu sehr mit mir gekuschelt hatte, wie mit einer Erwachsenen. Deshalb stand ich einfach nur da und schwieg. Aber das machte Mama nur noch wütender. „Sagst du es mir nun oder nicht?“, brüllte sie mich an. Mein Kinn fing an zu beben, es tat mir so leid. Aber ich sagte trotzdem nichts.

„Raus mit der Sprache", schrie Mama wieder und packte mich grob an den Haaren, bis sie plötzlich ein Büschel in der Hand hielt. Wir sahen uns das beide einen Moment lang an. Ich wusste nicht, was ich sagen sollte, also drehte ich mich um und lief davon. Und ich blieb auch nicht stehen, als Mama mir hinterherrief, ich solle zurückkommen. In meinem Zimmer verkroch ich mich hinter dem Vorhang und heulte, und es kümmerte mich nicht, dass meine Schwester dort saß und mich offensichtlich hören konnte. Ich kam erst wieder raus, als sie ins Badezimmer ging, um zu duschen.

Václav kommt erst in der Nacht nach Hause. Natürlich habe ich noch nicht geschlafen. Obwohl das Licht in meinem Schlafzimmer schon aus war. Ich lauschte eine Weile im Dunkeln, ob er nicht vielleicht betrunken war, aber das schien nicht der Fall zu sein. Ich dachte, er würde sich hinlegen, aber er blieb am Fenster stehen und schaute einfach auf den Park hinaus.
„Wo bist du gewesen?", frage ich zurückhaltend. Er rührt sich nicht.
Ich warte einen Moment, aber als ich sehe, dass er mir nicht antwortet, werde ich lauter: „Bin ich es dir nicht einmal wert, mir zu sagen, wo du gewesen bist?"
„Draußen" antwortet er, zieht die Decke vom Bett und legt sich hin.
„Ist das alles, was du mir zu sagen hast?"
„Was soll ich dir denn noch sagen?"

Ich halte es nicht mehr aus. „Was denkst du denn, was ich hören will? Dass du ein Kind hast, dass uns nur Schande bereitet und du dich endlich richtig darum kümmern wirst."

Es kommt mir, dass die Mädchen von meinem Geschrei aufwachen könnten, aber jetzt ist auch schon alles egal. Auf mich nimmt ja auch keiner Rücksicht. „Wenn du die Kleine endlich ein wenig in Ruhe lassen würdest", fährt mich Václav völlig unerwartet an.

Da bleibt mir doch die Spucke weg. „Willst du etwa die ganze Schuld auf mich schieben?"

„Du hast doch den lieben langen Tag immer irgendwelche Probleme, nicht ich!", poltert er.

„So ist das also! Und du hast keine? Dafür kuschelst du mit unserer Tochter!", beginne ich wieder zu schreien.

Ich warte, was Václav darauf sagt. Aber seltsamerweise schweigt er. „Dazu fällt dir nichts ein?", brülle ich.

„Weißt du was? Leck mich." Er reißt die Decke von sich und stürmt raus. Einen Augenblick später höre ich, wie er im Wohnzimmer die Couch auszieht.

Mama und Papa hatten einen fürchterlichen Streit. Meine Schwester sagt, es war wegen mir, aber ich weiß nicht, was ich angestellt haben soll. Und meine Schwester hat auch gesagt, dass Mama mir verbieten will, in den Kunstunterricht von Frodos Mutter zu gehen, und das will ich unbedingt verhindern. Also versuche ich jetzt mit aller Macht, nichts zu vermasseln und brav zu sein. Zum Beispiel bringe ich gleich nach dem Frühstück meine Tasse und meinen Teller zur Spüle, und wenn Mama sagt, ich soll das Wohnzimmer staubsaugen, mache ich es sofort.

„Das wird dir sowieso nicht helfen", grinst Katka mich hämisch an, und ich warte die ganze Zeit darauf, dass Mama kommt, um mir den Kunstunterricht zu verbieten. Ich sehne den nächsten Mittwoch herbei und kann deswegen nachts kaum schlafen. Und als ich dann einschlafe, habe ich ganz seltsame Träume.

Schließlich ist es Mittwochmorgen, also ist es fast sicher, dass mir niemand mehr den Kunstunterricht verbieten wird. Trotzdem passe ich auf, dass ich Papa nicht in der Küche treffe, falls er sich in letzter Minute an das Verbot erinnert.

Zum Glück ist Mama schon bei der Arbeit, aber ich schalte trotzdem lieber mein Handy aus, damit sie mich nicht anrufen oder mir schreiben kann.

Dann verlassen wir endlich das Haus und gehen zur Schule. Jetzt kann es mir niemand mehr verbieten.

Und so gehe ich nach der Schule ganz normal in die Jugendkunstschule.

Unter der Ulme stehen zwei Männer. Es herrscht Trubel. Zwischen den Ästen im Gras liegt ein umgekipptes Nest. Die Krähe flattert zwischen den Baumkronen der umliegenden Bäume. Sie sammelt Zweige. Sie muss ein neues Nest bauen. Ein rosa Faden hängt zwischen den Ästen. Das Mädchen im Fenster hat sich so sehr verändert.

Ich habe die Mädchen heute für einen Friseurtermin angemeldet. Wir haben vereinbart, dass ich vor der Schule auf sie warten werde. Ich sprinte förmlich aus der Bibliothek, damit sie nicht zu lange dort herumstehen.

Ich komme pünktlich an, die Mädchen sind gerade aus der Schule gekommen. Es ist ziemlich schön draußen, also stört es mich nicht einmal, dass sie nur Pullover anhaben.

Ich sehe auch die Klassenlehrerin an der Tür stehen, würdige sie aber keines Blickes, auch dann nicht, als sie mir zunickt. Ich bin definitiv fertig mit ihr. Zuerst war ich fest entschlossen, Barbora den Kunstunterricht zu streichen. Doch dann stellte ich mir vor, wozu der junge Mann und die Klassenlehrerin vielleicht fähig wären und beschloss, es vorerst bleiben zu lassen. Die könnten uns echt das Jugendamt auf den Hals hetzen. Glücklicherweise hat sich niemand mehr gemeldet. Vielleicht hat es auch geholfen, dass ich eine Beschwerde an den Schulleiter geschickt und mit einer Schulinspektion gedroht habe. Dazu hat mir Irena geraten. Ihr habe ich sicherheitshalber von dem Vorfall erzählt, falls ihr irgendwelche Gerüchte zu Ohren kommen.

Sie hat mir erzählt, dass sie auch mal Ärger mit der Schule hatte, es aber gereicht hat, eine Drohung auszusprechen. Danach war Ruhe.

„Müssen wir dort lange warten?", fragt Bára. Sie hat offensichtlich keine Lust darauf, aber sie gibt sich in letzter Zeit große Mühe.

„Wir werden sehen", antworte ich achselzuckend, während wir die Straße überqueren. Ich will dort auch nicht warten, denn der Raum ist winzig und es gibt kaum Sitzplätze. Die Mädchen müssen sich immer zusammen auf einen Stuhl quetschen.
Zum Glück istaber niemand da, so dass wir gleich an die Reihe kommen. Ich fange mit Katuška an, sie muss nur ihre Spitzen schneiden lassen, sonst sieht es gut aus. Ich lasse es trocken schneiden, damit wir nicht zu lange brauchen.
„Was ist mit dir, bei dir auch die Spitzen?" fragt die Friseurin Barča, als ob ich gar nicht da wäre.
„Ja, nur ein kleines bisschen", nickt Bára und betrachtet sich im Spiegel.
„Den Pony aber kürzer", sage ich zur Friseurin.
„Ich will es lang", schüttelt Baruna den Kopf.
„Dann hängt er dir in den Augen. Und es steht dir nicht", erwidere ich. Die Friseurin weiß nicht, was sie tun soll, also sage ich ihr: „Schneiden Sie ihn ab."
„Ich will nicht", sagt Baruna und erhebt sich von ihrem Stuhl.
„Fängst du schon wieder an?" Ich werde sauer. „Soll ich mir das mit der Jugendkunstschule nochmal überlegen?", drohe ich ihr.
Offensichtlich wirkt das auf Baruna. Schließlich setzt sie sich hin, und obwohl es ihr nicht gefällt, lässt sie sich den Pony schneiden.
Beiden Mädchen steht es sehr gut. Ich denke, ich sollte ein Foto von ihnen machen, als Erinnerung.

Ich bin so traurig. Wirklich traurig. Ich kann mich nicht einmal im Spiegel ansehen. Endlich sind meine Haare ein bisschen länger, seit dem Winter schon lasse ich sie wachsen. Wenn ich den Kopf nach hinten gebeugt hab, reichten sie mir fast bis zu den Schulterblättern. Ich habe sogar einen Pferdeschwanz versucht. Mit einem Gummiband. Es war mir peinlich, ihn in der Schule zu tragen, weil die Mädchen mit richtig langen Haaren sich bestimmt über mich lustig gemacht hätten. Nur zu Hause habe ich mir mal einen gemacht.
Aber Mama hat darauf bestanden, dass ich mir die Spitzen abschneiden lassen muss, damit ich nicht so zerrupft aussehe. Und dass wir zum Friseur gehen würden, aber ich habe ihr erklärt, dass ich das nicht will, weil dann meine Haare kürzer würden und ich wieder warten müsste. Ich stellte mir immer vor, dass meine Haare im Sommer vielleicht bis zu den Schulterblättern reichen würden, ohne dass ich meinen Kopf nach hinten neigen müsste.
Mama meinte, der Pony müsse geschnitten werden, aber ich hasse den Pony, damit sehe ich so komisch aus. Das sagen auch die Mädchen in meiner Klasse. Am liebsten würde ich gar nicht zur Schule gehen, damit mich niemand so hässlich sieht.
Heute in der Schule mache ich mich klein in meiner Bank, damit Frodo mich nicht bemerkt, und überlege, was ich heute Nachmittag zu Hause machen möchte.
Dann habe ich eine Idee: ich könnte mit tauchmarmoriertem Papier ein schönes Bild von den Krähen kleben.

Ich habe zwar nur einmal im Kunstunterricht tauchmarmoriert, aber das spornt mich an, es zu nochmal zu versuchen, weil ich daraus tolle Krähenflügel basteln könnte. Für den Rest des Unterrichts denke ich an nichts anderes mehr und ich freue mich wirklich darauf, ich vergesse sogar diese blöden Haare.

Auf dem Heimweg von der Schule werde ich in der Drogerie Waschbenzin besorgen, denn so hat Frodos Mama es uns erklärt. Ich weiß nicht, ob ich genug Geld dabeihabe, aber es kostet fünfzig Kronen für ein ziemlich großes Fläschchen, also bin ich sicher, dass es reichen wird.

Es ist noch niemand zu Hause, worüber ich froh bin, denn ich mache mich gleich an die Arbeit – ich weiß, dass ich das Fenster offen lassen muss, also öffne ich es so weit wie möglich, gieße nach und nach Benzin in die Becher und fange an, Farbe hineinzutropfen. Es stinkt fürchterlich, aber das kenne ich schon aus dem Kunstunterricht. Ich mische mir hauptsächlich schwarz und grau, auch etwas grün und braun, davon aber nur ganz wenig, passend für die Krähen.

Dann nehme ich im Badezimmer eine kleine Wanne, fülle sie mit Wasser und stelle sie in meinem Zimmer auf den Tisch. Ich fange an, das Benzin mit der Farbe ins Wasser zu tropfen und drücke das Papier vorsichtig. Es gelingt mir auf Anhieb und macht unglaublich viel Spaß. Ich kann mir die Formen, die ich damit erstellen will, jetzt schon vorstellen. Ich bin so vertieft in die Sache, dass ich gar nicht merke, dass meine Eltern und meine Schwester zurück sind.

„Iiiih, wie das stinkt", schreit Katka und hält sich die Nase zu, nachdem sie ins Zimmer gestürmt ist.
Zum Glück bin ich fast fertig, so dass ich schnell aufräumen kann, ich weiß nur nicht, wohin mit der Farbe in den Bechern. Aber dann überlege ich mir, sie draußen in den Müll zu werfen, denn wenn ich sie in die Toilette kippe, wird es dort sicher auch stinken. Ich fange schnell an, alles zusammenzuschütten, doch meine Schwester schreit so lange, bis Mama ins Zimmer kommt. Jetzt gibt es Ärger.
„Was machst du hier? Bist du noch normal?", schreit sie mich an, als sie das Fläschchen mit Waschbenzin sieht. Sie rennt zum Tisch und versucht, mir die Flasche zu entreißen, aber vor lauter Wut stößt sie die Farbbecher um und verschüttet den Inhalt auf Tisch und Teppich. In diesem Moment sieht sie aus, als würde sie mich echt umbringen wollen. Aber sie schlägt nur mit der Faust auf den Tisch und rennt weg.

Dann höre ich, wie sie Papa anschreit. Ich weiß überhaupt nicht, was ich tun soll, denn Mama hat die Farbe verschüttet, nicht ich. Ich habe überhaupt nichts Schlimmes gemacht. Und doch brüllt Papa, dass er mich in tausend Stücke reißen wird und schon rennt er die Treppe zu mir hoch. Ich überlege noch, wegzulaufen, aber ich weiß, dass ich es nicht schaffen werde, weil Papa schon an der Tür ist. Doch als er sich auf mich stürzt und ich mich darauf vorbereite, wie weh es wieder tun würde, passiert etwas Merkwürdiges. Ich blicke an mir herunter und stelle fest, dass ich keine Arme mehr habe. Stattdessen sehe ich zwei Flügel, ganz schwarz und glänzend, genau wie die der Krähen in unserem Baum. Und plötzlich fällt mir ein, wenn ich schon Flügel habe, könnte ich doch auch versuchen, damit zu fliegen. Dafür sind sie schließlich da. So schlage ich mit den Flügeln, und tatsächlich hebe ich ein kleines bisschen ab. Dann schlage ich noch stärker, bis ich richtig fliege. Plötzlich fühle ich mich leicht, so leicht wie noch nie in meinem Leben, und als ich an mir heruntersehe, erblicke ich statt meines eigenen Körpers den eines Vogels, aber das stört mich nicht im Geringsten.

Und dann fliege ich aus dem Fenster. Und es fühlt sich richtig an, weil ich weiß, dass ich nicht zurückkommen werde.